I0816364

BEST SELLER

Ingala Robl es socióloga por la Facultad de Ciencias Políticas y Sociales de la UNAM, en donde obtuvo el grado de licenciatura con mención honorífica. Ha recibido entrenamiento en Gestalt y Eneagrama con Claudio Naranjo. Es terapeuta del proceso Fischer-Hoffman. Cuenta con estudios de maestría en terapia familiar sistémica en el ILEF (Instituto Superior en Estudios de la Familia, Ciudad de México) y en el Mental Research Institute (MRI) de Palo Alto, California, Estados Unidos. Tiene un diplomado en terapia de pareja en el ILEF. Es terapeuta certificada en constelaciones familiares, según la técnica de Bert Hellinger, con el Dr. Lorenz Wiest y ha recibido educación continua con Bert Hellinger. Es directora del Centro de Constelaciones Familiares Sowelu, A.C. Es directora general de los Entrenamientos en Constelaciones Familiares en la Ciudad de México y otras ciudades del interior del país. Es cofundadora de la Asociación de Terapeutas en Constelaciones Familiares, A.C.

INGALA ROBL

Secretos de familia

Constelaciones familiares: nuevas soluciones para fortalecer tu vida

DEBOLS!LLO

El papel utilizado para la impresión de este libro ha sido fabricado a partir de madera procedente de bosques y plantaciones gestionadas con los más altos estándares ambientales, garantizando una explotación de los recursos sostenible con el medio ambiente y beneficiosa para las personas.

Secretos de familia
Constelaciones familiares: nuevas soluciones para fortalecer tu vida

Primera edición en Debolsillo: junio, 2025

penguinlibros.com

Diseño de portada: Penguin Random House / Amalia Ángeles
Fotografía de portada: iStock by Getty Images

ISBN: 978-607-385-880-9

Impreso en México – *Printed in Mexico*

Índice

Agradecimientos

Al bisabuelo desconocido, excluido, que apareció en la vida de mi bisabuela; y a ella, porque tuvo el valor de tener a su hija, mi abuela, a finales del siglo XIX... ¡Sin él y ella yo no estaría en la vida ni ningún descendiente!

A mis dos parejas de abuelos: dos países, dos culturas, dos idiomas, dos religiones, dos familias de orígenes tan diferentes y que —según las constelaciones— se buscaron para resolver algo a través de sus hijos, mis padres, la multidimensionalidad entretejida en mi ser: Alemania y el Imperio Austro-Húngaro (posteriormente Checoslovaquia), y Praga, bella ciudad que me vio nacer.

A mis padres, con su romántica historia de amor, y su destino que fue tan difícil para mí devolvérselos. Ustedes están en mi corazón, ambos, de igual tamaño, lado a lado; son mis pilas y mi fuerza y me dieron un amoroso y leal hermano, con todo mi amor y con toda la honra.

A todas las personas desconocidas durante la guerra, quienes, de una manera u otra, hicieron algo para que esa beba de ocho meses viviera (no todo me habrá gustado).

A mis hijos por su amor, nobleza, integridad, sensibilidad y paciencia; ellos me han acompañado en el camino de reconciliación con mi destino, con mi familia de origen y hacia mi paz interna; y a su padre, con quien los tuve: ¡Gracias por los buenos tiempos (y por los otros también, que al fin y al cabo también me hicieron crecer) y por todo el apoyo siempre!

A nuestros nietos y todos los niños en este planeta. Ellos son el sentido de nuestro trabajo porque por nuestros hijos, nietos y futuros descendientes bajamos al "abismo", a la "oscura noche", al "rabbit hole" (la madriguera del conejo), para reconectar con nuestra esencia, con nuestros recursos y con nuestro propio destino, de una manera diferente, con más conciencia y más madurez.

A todos mis maestros y ángeles que siempre aparecieron en el momento correcto para señalarme el siguiente paso del camino: a Javier Estrada, y a todos los sanadores que me aceptaron como aprendiz y compartieron sus conocimientos conmigo, José Antonio Flores Orama, Claudio Naranjo, Estela Troya, Ignacio Maldonado, Esther Althaus, Flora Aurón, John Pierrakos, Ilse Kretzschmar, Alejandro Jodorowsky, Lorenz Wiest, Clara Maldonado, Martha Cabañas y tantos otros. ¡Gracias! Y, finalmente, al gran Maestro de las Constelaciones, Bert Hellinger, ante el cual me inclino con profunda y eterna gratitud, porque con una frase me sacó del lugar de la víctima, y me reconectó con mi verdadera esencia y mi fuerza.

A todos mis amigas y amigos, compañeros del camino que me han acompañado en las altas y las bajas, aceptándome tal como soy, a sabiendas que cuento con ustedes por lo que nos queda del camino y que ¡cuentan conmigo!

A mis colegas y mi equipo de colaboradores, juntos hemos construido este trabajo hermoso, y los reconozco en su diversidad.

En particular a todas las personas que tuvieron la confianza de trabajar conmigo: ustedes han sido mis maestros diarios, ustedes también han sido parte de los escultores que han trabado mi esencia y mi materia; con gratitud y humildad ante sus destinos.

A Concha Latapí mi reconocimiento por su escucha, inteligencia, compromiso y sensibilidad, y por sus ganas de exponerse al tema de las Constelaciones, que siempre tiene un profundo efecto sobre nosotros.

A Aurora —compañera y esposa del doctor Ernesto Lammoglia— que lo inspiró para que me invitara a escribir este libro.

Y a este amigo tan especial que es el doctor Ernesto Lammoglia, quien se abrió a este método innovador y tuvo la confianza en las Constelaciones y en mí, las vivió y, a través de sus propios cambios con gran resonancia en sus radioescuchas y en los televidentes, inspiró e invitó a más y más personas a echar una mirada a su historia familiar: con su grandeza, sus sufrimientos, sus limitaciones y sus enredos sistémicos, con su destino, incluyendo en el corazón a todos los miembros de nuestras familias, vivos y muertos, para reconciliarse y para estar en paz. Dedico este libro a todos los que estamos construyendo la paz en este maravilloso país, México, que me ha recibido con su amor y generosidad —como a tantos otros también— y al cual, con gratitud y humildad, he querido devolver algo de lo mucho que me ha dado y sigue dando.

Ingala Robl
Cuernavaca, 2019

1

Los sistemas familiares

> El sentimiento religioso ante el Creador estaba ligado a la veneración por los ancestros, considerada como la emoción más sagrada del ser humano. Los ancestros eran invitados a participar en los servicios divinos; eran huéspedes del Soberano del Cielo y representantes de la humanidad en las regiones superiores. Al vincular el pasado con la divinidad en los momentos solemnes de la inspiración religiosa, se creaba un lazo entre la divinidad y el género humano. El Soberano, al venerar a sus ancestros, lo hacía también con la divinidad.
>
> Al referirse al gran sacrificio en el cual se efectuaban estos ritos, el maestro Kung dijo: "Aquel que pudiese comprender plenamente este sacrificio podría gobernar al mundo como si éste girara entre sus manos".
>
> I-CHING

Cada familia tiene una historia singular marcada por los relatos y las narraciones de la vida de sus miembros, por los eventos y acontecimientos, sus tradiciones y costumbres, un sistema de valores, principios, creencias y prácticas compartidos. Toda esta historia se transmite de generación en generación y tiene una influencia en nuestra vida más profunda de lo que suponemos, no importa qué tanto sepamos de la misma.

Esto es así porque cada familia es un sistema en el que cada uno de sus integrantes está conectado a todos los demás. Un sistema es un "conjunto de elementos en interacción" según la teoría general de los sistemas que es una disciplina científica cuyo tema es la formulación de aquellos principios válidos para todos los sistemas en general. Aplica igual a sistemas de cosas inanimadas o de organismos vivientes. Esta teoría ha aclarado muchos fenómenos oscuros en física y biología. Se basa en la existencia de un principio unificador que nos hace encontrar organización en todos los niveles.

Existen leyes generales de sistemas aplicables a cualquier sistema sin importar las propiedades particulares de éste, sus elementos y las relaciones o fuerzas reinantes entre ellos. A través de estas leyes, los sistemas tienden a autorregularse para garantizar el mantenimiento del equilibrio en los mismos.

Dentro de cada sistema social y especialmente el familiar, la conducta de cada uno de sus miembros está relacionada con la de los demás. Cada uno influye sobre los otros y al mismo tiempo, recibe la influencia de éstos, ya sea favorable o desfavorable. Todo lo que nuestros antepasados vivieron afecta nuestra personalidad, nuestro comportamiento y nuestras relaciones. Asimismo, nuestras decisiones y experiencias tendrán influencia en los demás miembros de nuestra familia, primordialmente sobre los que vienen detrás, como nuestros hijos, nietos y sobrinos.

Así, en cada familia hay características propias del sistema, y patrones de interacción que trascienden la individualidad de sus miembros. Podría decirse que el sistema está gobernado por reglas familiares.

Cuando observamos el sorprendente viaje que cada año realizan las mariposas monarca, desde Canadá hasta México y luego de regreso, y además vemos que en el trayecto nacen y mueren tres generaciones, nos damos cuenta de que hay algo que las guía como conjunto. Una conciencia que sabe cuándo todas deben partir y qué camino seguir, una fuerza que vela por la supervivencia del grupo.

De la misma manera, nosotros somos guiados por una conciencia de grupo: la de nuestro sistema familiar. Nuestra herencia abarca mucho más que las características físicas, heredamos también memorias ancestrales y mandatos de los que no somos conscientes y que forman parte de esta conciencia que vela, al igual que en las mariposas, por la supervivencia del clan, o sea, del sistema familiar al que pertenecemos.

Todos ocupamos un lugar en este sistema en el que cada uno está vinculado con todos los demás miembros. Estamos conectados con miembros del sistema familiar del pasado que tuvieron diferentes destinos, mismos que influyen en nuestra manera de vivir, de pensar, de sentir. Según nuestra identificación con ellas (tanto consciente como inconscientemente), esta influencia puede fortalecernos o debilitarnos, y puede afectar nuestra salud y nuestras relaciones con los demás y con el mundo.

La historia de una familia cambia con los nuevos acontecimientos que cada integrante aporta. Usualmente, en una familia se transmiten verbalmente aquellos eventos que se consideran importantes, dignos de ser recordados. Pero no todo es bienvenido en la memoria. Hay acontecimientos que se reservan, se ocultan y mejor no se mencionan que se convierten en secretos. Sin embargo, no por eso son menos importantes.

Muchos de nuestros problemas, especialmente aquellos recurrentes, tienen su origen en un pasado en el que no estuvimos presentes. Los hechos y circunstancias de la vida de alguno de nuestros abuelos pueden estar ahora afectando nuestra vida, provocando conflictos o síntomas de enfermedades porque podríamos estar identificados con ellas, mediante el amor ciego, mediante alguna lealtad invisible, por inconsciente. Sólo tomando conciencia de estas dinámicas en nuestro sistema familiar podemos develar su causa y encontrar la solución. Esto es posible gracias a las constelaciones familiares, el método creado por Bert Hellinger, filósofo, teólogo y pedagogo alemán.

Hoy en día, la constelación familiar o en su traducción original colocación de la familia (en alemán *Familienaufstellung*) se trabaja en 46 países y ha tenido gran aceptación gracias a que es accesible y muy breve: de 20 mins. a una hora y media, en promedio, generalmente, en una sola sesión. Mientras otros métodos terapéuticos frecuentemente pueden llevar meses o hasta años, éste puede ofrecer en una sesión el diagnóstico y, quizas también una mejor solución de un problema, lo que también hace a esta metodología más económica. Muchos profesionales de la salud están recurriendo hoy en día a las constelaciones familiares como intervención diagnóstica, así como para acelerar el proceso terapéutico de sus pacientes.

Antecedentes

Las raíces del pensamiento filosófico de Hellinger y su trabajo con las constelaciones familiares se encuentran en los presocráticos, especialmente en Heráclito, cuyas reflexiones se ocupan de los orígenes, a partir de los cuales iniciamos nuestra vida y a los que algún día regresaremos. Estos filósofos se expusieron, mediante la reflexión, de manera serena y directa, a todos los eventos observables de la vida y la naturaleza. Algunos de los preceptos de Heráclito que se pueden aplicar a las constelaciones son:

- Todo está en un devenir y un perecer constante. Todo fluye y nada se queda. Para los orientales, nunca estamos parados frente al mismo río: el río cambia y nosotros también.
- Todo tiene su opuesto. Las cosas son completas si han encontrado su contrario o su complemento. Así, existen

la vida y la muerte, la guerra y la paz. Toda movilidad se fundamenta en una estructura de contrarios.
- Cuando los opuestos se unen y se reconcilian, el ciclo se cierra y hay paz.
- Todo es dirigido por una fuerza externa, universal, que es la verdad del mundo. Hellinger la llama "fuerza superior" o "Gran Alma".

Hellinger basa su trabajo con las constelaciones familiares en la fenomenología, una corriente filosófica en la cual la experiencia debe ser simplemente descrita como se da y no ser analizada con prejuicios ni creencias previas, es decir, la observación pura del fenómeno. En la fenomenología las cosas se ven tal como son, dándose por sentado que el mundo es como es, es decir, la "cosa en sí" libre de recuerdos, intenciones y juicios. Se utiliza la percepción para entrar en contacto directo con lo que se muestra para captar lo esencial.

El pensamiento fenomenológico no expresa una opinión, sino una observación ampliada que percibe la existencia de los opuestos dentro de la misma esencia del ser. Ve al mismo tiempo lo creativo y lo destructivo.

Bert Hellinger trabajó 16 años como misionero en Sudáfrica. Durante este tiempo, aprendió sobre dinámica de grupos en el manejo de la escuela que él dirigía. Allí pudo observar que existe un "orden original" en los sistemas, especialmente en el familiar, que se transmite de generación en generación. Observó también que, cuando este orden se sigue en las familias y clanes, hay más armonía entre sus miembros. También identificó las leyes según las cuales, al quebrantar este orden, los miembros de las familias quedan trágicamente implicados en destinos adversos.

Según la teoría del guión de Eric Berne, las personas, sin darnos cuenta, llevamos a cabo un guión determinado al cual se puede tener acceso a través del relato de nuestras historias y cuentos. Hellinger se dio cuenta de que algunos de estos guiones vienen desde los padres o de vivencias infantiles anteriores, pero también descubrió que muchas de estas historias no se refieren a la persona que las narra sino a otro miembro de la familia. Descubrió también que a veces, sin darnos cuenta, adoptamos los sentimientos de otros. Él se refiere a éstos como "sentimientos adoptados" o prestados.

Hellinger identificó la importancia del concepto sistémico de las generaciones. La teoría sistémica reconoce que los grupos humanos se rigen por leyes y patrones inherentes, a los cuales se van agregando todos aquellos que se van construyendo en la interacción cotidiana dentro de las familias. Asimismo, las familias construyen leyes y principios que rigen la interacción con las de otras familias. A este conjunto de leyes naturales, que rigen el funcionamiento de los grupos humanos, Hellinger lo ha llamado "los órdenes del amor". Descubrió que la transgresión de estos órdenes del amor en las interacciones de los miembros de un grupo es el origen de conflictos y discordancias internas que pueden llegar a manifestarse como patologías a nivel individual, familiar, grupal o social. Esto sucede porque la conciencia del grupo supervisa la justicia dentro del clan, el equilibrio entre el dar y el recibir (o tomar). La injusticia de la exclusión de un miembro de la familia, por la causa que sea, se expía en la familia nuclear y en la red familiar a través de lealtades invisibles, o sea, inconscientes.

Los campos mórficos y la resonancia

Morfo viene de la palabra griega *morphe*, que significa forma. Los campos morfogenéticos son campos de forma; campos, patrones o estructuras de orden. Estos campos organizan no sólo los campos de organismos vivos, sino

> también de cristales y moléculas. Estos campos son los que ordenan la naturaleza. Hay muchos tipos de campos porque hay muchos tipos de cosas y patrones en la naturaleza...
>
> RUPERT SHELDRAKE

El campo morfogenético del que habla Rupert Sheldrake es un campo de energía que mantiene unidos a todos los miembros de una familia, una raza, un pueblo o una tribu. En sus estudios se separa de la tradición platónica, en la que el mundo fenoménico es reflejo de un mundo de orden perenne o eterno y sugiere que:

> ...la regularidad y el orden que vemos en la naturaleza —el tipo de orden que se ve reflejado en la forma de los animales y plantas y los patrones que experimentamos con nuestros sentidos— no reflejan tanto leyes eternas que se hallen de algún modo fuera de la naturaleza, sino que dependen en mayor grado de lo que haya ocurrido antes en el mundo. Lo que ha sucedido en el pasado influye en lo que está sucediendo ahora [...] La conexión entre pasado y presente es tal que el pasado parece apoyarse en el presente, condicionando todo lo que ocurre.

Sheldrake rechaza la hipótesis del programa genético pues éste no explica de manera contundente porque, si todas las células tienen el mismo programa, se desarrollan de modo diferente formando diversos tipos de tejidos. Retoma el concepto de los campos morfogenéticos del científico ruso Alexander Gurwitsch, creado en 1922 para explicar esta conexión entre el pasado y el presente:

> ...Los campos morfogenéticos presentes a través del tiempo serían determinados por lo que ha ocurrido antes en esa especie. La forma influiría en la forma, y las formas y patrones de orga-

nización del pasado se harían presentes en sistemas similares, de modo que una especie se vería influenciada por y conectada con todos sus miembros anteriores.

Así se explica la evolución simultánea de la misma función adaptativa en poblaciones biológicas que se encuentran separadas por grandes distancias.

En este proceso se da lo que Sheldrake llama resonancia mórfica y sugiere las siguientes ideas nuevas:

- Hay un tipo de conexión entre las cosas: acción a distancia en el espacio o la acción a través de campos, mientras que antes se pensaba que para esto se necesitaba el contacto, empujando o jalando algo, u oprimiendo botones, palancas, etcétera.
- Las cosas que habitualmente consideramos como pertenecientes al pasado distante de hecho influyen directamente en el presente.
- La totalidad del pasado se halla simplemente presente en todas partes todo el tiempo.
- La totalidad del pasado podría estar, por decirlo así, concertada en el presente, estando así el pasado siempre presente.
- Existe un efecto acumulativo del pasado.
- Cuantos más sistemas surjan (o quizás generaciones de seres humanos en un sistema familiar), mayor será la influencia acumulada a través de este tipo de proceso.
- La conducta aprendida se extiende entre los miembros de una especie sin mediar ningún tipo conocido de conexión física, pareciendo haber un tipo de influencia que no se podía explicar en términos genéticos. Hoy en día, una nueva ciencia, la epigenética está explicando esta transmisión.

- La hipótesis de la resonancia mórfica sugiere el modo en que se repiten patrones y formas en la naturaleza: "Un acto creativo es irrepetible, porque debido al hecho mismo de haber ocurrido influirá en todo lo que suceda con posterioridad. Nada se puede hacer de nuevo por primera vez, pues ya ha ocurrido una primera vez y esa primera ocasión influirá en las ocasiones subsiguientes".

Estamos sintonizados con el inconsciente de otras personas. De acuerdo con la resonancia mórfica, nuestras ideas y actitudes pueden influir a distancia sobre otros, sin que ni ellos ni nosotros lo sepamos, y aparentemente sucede algo parecido hacia el pasado, y podemos observar cómo esto se manifiesta en las constelaciones cuando los representantes captan sensaciones corporales, sentimientos y pensamientos del consultante y su sistema familiar aun cuando no los conozcan.

Cada sistema se mueve en un campo mórfico que actúa como una memoria en la que se encuentra toda la información importante del sistema, y cada uno de sus integrantes está en resonancia con este campo participando en todo el conocimiento y en todos los sucesos relevantes. Por eso se puede observar el fenómeno de una percepción sin que la información haya sido comunicada verbalmente.

Sin darnos cuenta, nos vemos influidos por ideas y actitudes de otros. Somos parte del campo morfogenético de nuestra especie y particularmente del de nuestra familia. En éste se encuentra toda la información de nuestra historia familiar, la conozcamos o no. Gracias a esto, heredamos tanto cualidades como conflictos no resueltos que se generaron en generaciones anteriores. Formamos entonces parte del destino de muchas personas que nos precedieron y con las cuales estamos de alguna manera directamente relacionados.

Hellinger utiliza en las constelaciones esta hipótesis de los campos mórficos. Albrecht Mahr los llama "campos del saber o campos con memoria", porque se ha podido observar que la resonancia mórfica permite que el pasado actúe directamente sobre el presente, y que una persona sienta como algún otro miembro de la familia, aun cuando no lo conoció. Mediante la resonancia mórfica se pueden hacer estos viajes del presente al pasado y viceversa.

Finalmente, el trabajo de Erickson tuvo fuerte influencia en Hellinger dado que reconoce a la persona como es, así como las señales a nivel digital y analógico que muestran a una persona como es y sirven como guía al facilitador.

El lenguaje analógico es toda aquella comunicación que no es verbal. Pero no sólo se refiere al lenguaje corporal, ya que incluye la postura, los gestos, la expresión facial, la modulación de la voz, la secuencia, el ritmo y la cadencia de las palabras mismas. También incluye cualquier indicador que aparece durante una interacción en la constelación. Este tipo de comunicación lo entiende muy bien la gente que tiene mascotas, ya que éstas expresan lo que quieren y cómo se sienten a través de movimientos y expresiones corporales. Asimismo, cuando parece que la mascota entiende lo que se le dice es porque comprende todo el lenguaje analógico que acompaña a las palabras. Utilizamos este tipo de comunicación con los bebés que aún no manejan el lenguaje verbal, pero también en todas nuestras interacciones. Es muy claro, por ejemplo, en la etapa del galanteo.

La característica principal del lenguaje analógico es que, a menos que uno sea un magnífico actor, nunca miente. Es fácil mentir con las palabras, mas no con el lenguaje analógico. Muchas personas saben perfectamente cuando alguien está mintiendo porque pueden observar el lenguaje analógico que está expresando lo contrario de lo que dicen sus palabras.

Hellinger tomó de la terapia familiar breve el poner la mirada en la solución y no solamente en el problema.

Partiendo de todas estas bases (y muchas otras aquí no mencionadas), Hellinger desarrolló procedimientos eficaces para la solución de una gran gama de problemas recurrentes en las familias, así como ciertos comportamientos, enfermedades y tendencias psicológicas que se repiten generación tras generación. Su método contempla a la familia como un sistema dinámico en el que todos sus miembros se encuentran en continua interacción; de ahí el término *constelación*.

La terapia familiar sistémica se basa en las dinámicas de interacción entre los miembros del clan. Se aplica en trastornos y enfermedades psíquicas concebidas como expresión de las alteraciones en la interacción, estilos de relación y patrones de comunicación de la familia vista como un todo. Se trata de un procedimiento que restablece el orden natural del sistema familiar.

Las constelaciones familiares se ubican entre los enfoques que tienen en la mira la solución o, por lo menos, una mejor solución que antes de este proceso. Ésta se encuentra al indagar brevemente en la historia del individuo, con énfasis en los eventos traumáticos e impredecibles en la familia, más que en las descripciones de las personas. Una constelación saca rápidamente a la luz la dinámica oculta, no vista anteriormente por el inconsciente, que ha venido causando el sufrimiento y, si se dan las circunstancias apropiadas, la corrige en ese mismo momento.

Al descubrirse el síntoma del consultante o de todo el sistema familiar, se puede observar que, por lo general, tiene una conexión de similitud con algún evento o algún miembro del clan en el pasado. Generalmente, el síntoma expresa una lealtad hacia alguien en el pasado, manteniendo a través del proceso de identificación a un miembro excluido del sistema familiar dentro del círculo de este clan.

La felicidad y la infelicidad están estrechamente conectadas a nuestras familias y mediante las constelaciones familiares, los conflictos pueden resolverse dentro de ella para que sus miembros se reconcilien, que pueda fluir el amor y haya paz entre ellos.

> La familia es la fuente de la vida. La vida es pasada a través de la familia. Los niños se sienten felices si pueden crecer en una familia que está unida, y se sienten infelices si el amor no es posible en la familia, por ejemplo, cuando uno de los padres muere, o cuando viven con otra persona, o cuando los padres se separan, o cualquier otra cosa que puede suceder en una familia.
>
> BERT HELLINGER

Cabe aclarar que no pretendemos presentar la herramienta de las constelaciones como la panacea que todo lo soluciona. No todos los problemas y enfermedades tienen un origen sistémico y ciertamente hay circunstancias irremediables que más vale aceptar como parte del propio destino. En caso de una enfermedad, las constelaciones ayudan a identificar el origen si es sistémico y en ocasiones se logra encontrar una mejor solución; sin embargo, un consultante no debe dejar de acudir al médico, quien puede dar o no el diagnóstico de una curación. Además, cuando se ha padecido una enfermedad por largo tiempo, ésta ha ocasionado otros daños al organismo que deben ser atendidos por la medicina alópata.

2

La conciencia del clan

> Lo más grandioso en los seres humanos es aquello que los hace iguales a todos. Cualquier otra cosa que se desvíe hacia lo superior o inferior de lo que es común a todos los seres humanos nos hace menos. Si sabemos esto, podemos desarrollar un profundo respeto por cada ser humano.
>
> BERT HELLINGER

De acuerdo con Hellinger, la conciencia colectiva de cada sistema familiar es una estructura inconsciente que actúa como supervisora a favor del grupo como un todo. Esta conciencia se basa en el amor. Vincula a todos los miembros del clan y vigila que cada uno tenga su buen lugar, es decir, que nadie sea olvidado, excluido o injustamente tratado, porque se ha observado que lo que no fue saldado en una generación pasa a la siguiente para ser saldado por otro miembro de la familia. Esto es así, porque en ella se encuentra vigente la ley de que nadie puede ser excluido y, cuando se excluye a un miembro, esta conciencia busca compensar la pérdida y recuperar la totalidad. Para hacerse cargo de la compensación elige a un miembro posterior de la familia, quien retomará el asunto no resuelto y tendrá que representar a la persona que fue excluida.

Esta dinámica muestra sus efectos a lo largo de varias generaciones y se debe a que esta conciencia tiene un orden, mismo que contradice totalmente nuestra concepción tradicional en cuanto al orden y la compensación de la conciencia consciente. Este orden da prioridad a los anteriores frente a los posteriores. Por eso, la conciencia del clan se sirve de los posteriores en interés del mantenimiento del grupo colectivo. Cuando los anteriores hicieron algo que causa culpa, esta conciencia colectiva atrae a los que vienen después para expiar y compensar.

La conciencia colectiva tiene un efecto sobre la familia en un sentido muy amplio. La familia, como unidad, intenta mantener su totalidad. Por esta razón, cuando se excluye a alguien de la familia, por las razones que fueran, morales u otras, busca mantener la totalidad eligiendo a alguien nacido posteriormente para volver a la totalidad. Esto sucede sin ningún éxito ya que esta conciencia es algo totalmente arcaico y ciego; por lo tanto, no lleva a ninguna solución. Pero hay que saber que existe y cómo opera para poder comprender el origen de muchos de nuestros problemas.

La conciencia del clan se ve profundamente afectada por todos los eventos significativos que ocurrieron en la vida de nuestros padres y ancestros. Muertes prematuras, suicidios, accidentes, relaciones conflictivas, asesinatos, guerras, enfermedades psiquiátricas, encarcelamientos, adopciones, incestos y otras situaciones difíciles son ejemplo de estos eventos que quedan impresos en esta conciencia que tratará de compensar con las siguientes generaciones.

En especial, son los más débiles del clan los que se encargan de saldar las cuentas pendientes, es decir, los niños. Desde sus sentimientos primarios, los menores adoptan sentimientos de otros miembros de la familia, repitiendo la vida (al identificarse incoscientemente con ellas para hacer méritos y pertenecer) de aquellos que fueron olvidados, excluidos o injustamente tratados para así asegurar su pertenencia al clan. Esta identificación se lleva a cabo aunque no los hayan conocido personalmente, y a veces ni siquiera sabían de ellos.

De la misma manera, las buenas acciones de nuestros ancestros fortalecen y armonizan la conciencia familiar influyendo de manera positiva en nuestra vida y la de nuestros hijos.

La conciencia colectiva es mucho más fuerte que la conciencia personal. Es primitiva y mucho más vieja, viene desde nuestra historia tribal. En ella, el grupo es más importante para la sobrevivencia de la especie y su evolución que el individuo. Solamente podemos reconocer esta conciencia colectiva inconsciente mediante los efectos que muestra a lo largo de muchas generaciones. Es un mérito de las constelaciones familiares que puedan surgir a la luz sus dinámicas para volverlas conscientes y visibles. En una constelación, lo que vemos es la imagen del sistema familiar y la razón por la que las fuerzas de su conciencia familiar están actuando de cierta manera. Así, se revela lo que estaba oculto y, al ver cuál es el problema, se obtendrá una visión diferente que podrá llevar a una mejor solución.

Cada uno de nosotros depende de las relaciones con otros para sobrevivir. Éstas se hallan al servicio de nuestra sobrevivencia y desarrollo. Nos comprometen para metas que están más allá de nuestros deseos y de nuestra voluntad. En ellas rige un determinado orden y se mueven diversas fuerzas.

Nuestra conciencia personal consciente tiene tres necesidades básicas respecto a nuestras relaciones: la de pertenencia o vinculación, la del equilibrio entre el dar y recibir, y la de orden. Si no se cumplen estas tres necesidades no se logra el equilibrio en una relación. Cada una de estas condiciones se impone por una sensación de culpa o inocencia. O sea, el equilibrio se regula por el malestar o el placer, la mala conciencia de la culpa y la buena conciencia de la inocencia.

La primera necesidad es el orden, es decir, que las relaciones en cada grupo sigan cierto orden. Cuando nos desviamos de esta regla, generalmente tenemos una mala conciencia: aquí se siente la culpa como infracción y castigo, y la inocencia como lealtad y fidelidad.

Cuando coincidimos con las reglas del grupo nos sentimos con buena conciencia. El orden del amor se refiere a las reglas que guían la convivencia dentro de un grupo: las normas, los ritos, las creencias, los tabúes. También se refiere a las jerarquías: la pareja conyugal antes que la pareja parental. Los padres antes que los hijos. El primogénito antes que los demás hermanos (sin que esto le dé derechos sobre ellos). Los vínculos dentro de un sistema necesitan orden y estructura. Es el orden explícito. Detrás existen diferentes formas, que son dadas como se mencionó más arriba.

¿Por qué es tan importante el orden en las familias? Porque dentro de este orden hay leyes de la vida.

En una familia se ve que los padres dan la vida y los hijos la reciben de ellos. Por eso es parte del orden pues los padres son grandes y los hijos son pequeños, y los padres dan y los hijos toman. Cuando un hijo no toma de sus padres, los rechaza o juzga, les dice: "Tal como son no los tomo, quiero que sean diferentes", está atacando el orden. Este hijo no reconoce la realidad: que recibió la vida justo de estos padres y que de ninguna manera puede tener otros padres. En este sentido, todos los padres siempre son los correctos (no los ideales) porque sin ellos no habríamos nacido. Al no tomarlos, el hijo se cierra y se siente vacío y podría llegar a la falta de éxito y plenitud en la vida. Por el contrario, cuando un hijo reconoce: "Ustedes son mis padres y son los correctos para mí, tal como son, y yo soy correcto porque tengo justo estos padres", entonces un hijo abre su corazón y se siente rico, independientemente de cómo sean sus padres.

No basta con reconocer sólo a los propios padres; en los órdenes del amor, detrás de ellos están sus respectivos progenitores y detrás los abuelos. Para que cada uno de nosotros pudiera nacer hubo antes una larga cadena de generaciones, de parejas que tuvieron que vincularse y que pasaron la vida.

También es parte del orden reconocer el lugar que ocupa cada quien. Entre hermanos está antes el que llegó primero, aunque no esté presente o sea medio hermano. La pareja actual tiene prioridad ante la pareja anterior, pero la pareja anterior estuvo antes en la vida del otro y hay que honrarla. El orden de precedencia no puede ser alterado porque es un orden natural.

Cuando trabajo con parejas y con familias, se hace claro que en una relación de pareja el hombre y la mujer son iguales y diferentes a la vez, y que es parte del orden reconocer tanto las diferencias como su igualdad. El título del libro *Los hombres son de Marte y las Mujeres son de Venus* describe muy bien esas diferencias; pero en sus derechos, son iguales.

A estas leyes de orden, pertenencia y vinculación y equilibrio en el dar y tomar Hellinger las llama los órdenes del amor. Son distintas en cada sistema y cada sistema tiene sus propias reglas. Se trata de un orden social que condiciona nuestro comportamiento en el grupo.

En las constelaciones familiares, estos órdenes surgen a la luz y podemos ver cómo la trasgresión de ellos tiene un efecto perjudicial para los miembros de una familia, porque siempre habrá sufrimiento.

La necesidad de pertenencia

La necesidad de pertenencia o vinculación a nuestro sistema familiar no es solamente un sentimiento humano, es instintiva. Se trata de algo práctico ya que asegura nuestra vinculación a la familia de origen y a los grupos importantes en nuestra vida.

La conciencia personal vigila que cuidemos esta pertenencia. Siempre que hacemos algo que arriesga la pertenencia a nuestros grupos esenciales, nos sentimos mal, tenemos una mala conciencia. Esta mala conciencia es tan desagradable que nos fuerza a cambiar la conducta para asegurar nuestra pertenencia.

El niño se integra sin cuestionamiento a su grupo de origen, con todo y las consecuencias que pueda tener en su vida, y depende de él con una fuerza y un compromiso que se asemejan a un sello. Siente esta vinculación como amor y felicidad, independientemente de su potencial para crecer o perecer en este grupo y de cómo y qué son sus papás. Por eso encontramos niños que, a pesar de sufrir el maltrato de sus padres, permanecen leales a ellos.

El niño sabe que pertenece a este grupo familiar. Este conocimiento y este vínculo es el Amor: el Amor Original o Primario. Esta vinculación es tan profunda que el niño está dispuesto a dar por ella su vida y su felicidad. Se trata de un amor ciego. Hellinger sostiene que detrás de todo comportamiento, aunque parezca bizarro, siempre actúa el amor, al cual llama amor ciego.

En la conciencia personal, la necesidad de inocencia en la vinculación es la más profunda de todas y tiene prioridad por encima de la razón o la moral. La inocencia en este sentido no significa otra cosa que estar seguro de pertenecer. Para tener esta sensación de inocencia los niños sacrifican todo, la pertenencia se vuelve más importante que la propia vida y la sensación de inocencia se transforma en la propia felicidad y la propia salud.

Experimentamos la inocencia en la vinculación como gran felicidad y la culpa como lo más doloroso. Uno tiene buena conciencia si se comporta de manera que pueda estar seguro de tener aún el derecho a pertenecer al grupo. Tenemos mala conciencia cuando nuestro comportamiento nos hace temer la pérdida del derecho de pertenencia. La culpa en este caso se siente como miedo a sufrir una exclusión y alejamiento, y la inocencia como cobijo y cercanía. Tanto la buena conciencia como la mala nos arrastran en una misma dirección: asegurar la vinculación al grupo.

El equilibrio en el dar y recibir

Existe en cada uno de nosotros la necesidad de llegar a un equilibrio entre el dar y el tomar, entre ganar y perder que nos hace buscar siempre la compensación. En el dar y tomar se experimenta la culpa como obligación y la inocencia como libertad de obligaciones. Siempre que recibimos algo, tenemos también una sensación de desagrado, porque nos sentimos comprometidos, en deuda. Esto nos lleva a dar algo a cambio a manera de compensar y así se da el intercambio. Cuando esta necesidad de compensación está vinculada con la necesidad de pertenencia y amor, se incrementa el intercambio.

La necesidad de compensar existe también cuando se trata de algo pesado o difícil. Cuando alguien nos hace algún mal queremos compensar mediante la venganza y tener la razón, porque queremos ser inocentes.

Cuando recibimos algo de la otra persona, aunque sea algo bueno, perdemos un poco de nuestra independencia. Entonces surge la necesidad del equilibrio y, para compensar, se devuelve preferentemente un poco más, lo cual causa otro desequilibrio en el dar y recibir, y así sucesivamente. El dador y el receptor no están tranquilos hasta que no lleguen a un equilibrio, hasta que el receptor da algo y el dador recibe algo equivalente.

Cuando se alcanza el equilibrio, cuando uno devuelve exactamente lo que ha recibido, una relación puede terminar o se puede retomar el proceso mediante un dar y recibir nuevo continuo, como en las relaciones en la familia, entre amigos y entre la pareja.

Se puede observar que la felicidad depende de la cantidad del dar y recibir, es decir, cuanto mayor sea el intercambio en el dar y el recibir habrá mayor felicidad; por lo tanto, una mayor vinculación, aunque esto implique una desventaja relativa para quien quiere su libertad; en ese caso sólo se dará y recibirá poco. El dar y recibir se acompañan por una sensación de felicidad y plenitud, no es algo que cae por azar en nuestras manos, es algo que se hace, se construye.

Hay muchas personas que dan sin recibir (es el caso de muchos ayudadores), pero al hacer esto, están comprometiendo al otro. En realidad tienen una dificultad de vincularse profundamente y mostrarse vulnerables al recibir. Por el otro lado, es importante no dar más de lo que uno está dispuesto a recibir o de lo que el otro pueda devolver. Cuando el que recibe no puede recrear este equilibrio al dar también, siente una urgencia de irse, de dejar la relación. Vimos el caso de una joven adinerada que inundaba a su novio con regalos costosos todos los días y, así, provocó en él el deseo de terminar la relación. Al no poder corresponder con regalos equivalentes a los que estaba recibiendo, no soportó el desequilibrio que lo dejaba en una posición de deuda.

Entre padres e hijos este equilibrio no es posible, porque el dar y recibir solamente es posible entre iguales. Los hijos no pueden devolverles a los padres algo equivalente a la vida que les dieron aunque así lo deseen. Por tal motivo, los hijos siempre sienten una deuda con los padres y no pueden soltarlos. Ante esta situación, una solución puede ser que los hijos lo den a otros (a sus propios hijos, la siguiente generación o involucrándose por otros). A este respecto, Hellinger hace énfasis en la necesidad de agradecer para restablecer el equilibrio con la siguiente frase: "Tomo con alegría, lo tomo con amor; te honro". Quien agradece reconoce: "Me das independientemente de que alguna vez te lo devolveré, y lo tomo de ti como regalo". A su vez, quien recibe el agradecimiento dice: "Tu amor y el reconocimiento de tu regalo son más que cualquier cosa que podrías aún darme". Es una pena que haya padres, en vez de hacer esto, reclamen a sus hijos la deuda, misma que éstos nunca podrán pagar. Frases como "me debes la vida" hacen un daño enorme porque mantienen a los hijos en desventaja de por vida y, generalmente, en gran dependencia.

Por otro lado, hay quienes se niegan a tomar o recibir para no entrar en ningún compromiso; esta actitud produce un vacío, insatisfacción o depresión, especialmente si se trata del tomar la vida de los padres. En el trabajo con las constelaciones familiares se ha observado que personas con depresiones o sin éxito no han tomado la vida de uno de los papás o de ninguno de ellos y siguen esta dinámica de manera inconsciente.

Algunas personan llevan pequeños "lastres" a una relación (una discapacidad, un hijo antes del matrimonio con otra persona), pero si cada uno de los dos tiene un pequeño "lastre", puede darse el equilibrio y la felicidad, es decir, reconocernos con nuestras imperfecciones y amarlas.

La necesidad de equilibrio dentro del sistema familiar es el motivo de la tendencia a compensar con sufrimiento o expiación de culpas (reales o imaginarias, propias y ajenas), o viviendo el destino desafortunado de algún otro miembro de la familia, del clan o del pueblo al que pertenece la persona. Inconscientemente se busca llegar al equilibrio, resultando en el sufrimiento en vez de encontrarlo mediante el bien, el respeto y el amor y honrando a esa persona.

A veces, la compensación ya no es posible, el daño causado tiene una extensión en el sentido del destino, por ejemplo: cuando la persona ha sufrido un daño tan grande en su cuerpo, vida o propiedad, que ya no hay equilibrio posible porque ningún arrepentimiento, ninguna acción puede crearlo. Entonces es necesario aceptar el propio destino y cargar con esta culpa. Hubo el caso de un automovilista que atropelló a un ciclista. El ciclista tuvo la culpa legalmente, y el automovilista cargará con el hecho de haberle quitado la vida a otro ser humano. Sin embargo, si se va con la familia y llora con ella, quizás habrá un cierto equilibrio.

Cuando alguien dentro del sistema hace algo contra lo cual el otro no puede defenderse, o cuando toma algo para sí mismo que le hace daño o le duele al otro, se siente la necesidad de restablecer el equilibrio. Tanto la víctima como el victimario sienten esa necesidad: la víctima también quiere causarle daño al victimario mediante la venganza. Pero, en cuanto ambos puedan llorar juntos y se den cuenta de que ambos han sufrido y han perdido de igual manera, habrá nuevamente un equilibrio. Quizás, entonces, puede haber una reconciliación y paz. También, por ejemplo, en el caso de una pareja, cuando una parte recibió algo negativo o considerado malo, habría que encontrar una compensación, pero haciendo menos daño. En el caso de recibir algo positivo, es mejor dar siempre un poco más. Mantener el equilibrio entre dar y tomar no siempre es fácil. Es una de las partes más difíciles de las enseñanzas de Bert Hellinger.

La importancia del Alma

Los miembros de una familia están vinculados por un alma común que comparten y que los hace comportarse como si estuvieran sujetos a una autoridad mayor que sigue ciertas leyes y mandatos que son la conciencia del clan. El alma de una familia une a todos sus miembros, estén vivos o muertos. En ella están depositados los mitos y mandatos del clan.

En las constelaciones se reconoce el destino y nuestra alma al mismo tiempo como nuestro pensar y nuestra cultura, especialmente la familiar. Es a nivel del alma que todos los miembros de un sistema familiar están profundamente unidos en amor y lealtad, aunque esto no sea evidente. Esta unión es una expresión del alma familiar. La fuerza del alma mantiene al grupo unido para su continuidad y sobrevivencia, y la conciencia del clan busca restablecer el orden tratando de crear el equilibrio para que el amor pueda fluir libremente de una generación a otra.

Las constelaciones muestran algo sobre el alma y sobre la conciencia del clan. Esta última actúa, en especial esta búsqueda del equilibrio o la compensación entre sistemas o generaciones. Es un movimiento ciego porque, de acuerdo con sus leyes, nada ni nadie puede ni debe faltar. Y los diferentes tipos de síntomas que observamos en una constelación muestran estos movimientos originales de compensación según la conciencia familiar.

El alma está vinculada con los orígenes. Las constelaciones nos posibilitan entrar en resonancia con el origen de los malestares en los miembros de una familia. En este espacio de la resonancia, entramos en sintonía con el alma del grupo familiar. Hellinger llama Gran Alma a una fuerza más grande que nosotros, misma que tiene diferentes nombres según cada cultura y religión. Mediante este trabajo, lo que antes estaba opuesto puede reconciliarse y estar en paz. Esto posibilita nuevas acciones porque las constelaciones eliminan, borran la diferenciación entre el bien y el mal (que nos convierte en enemigos), porque esta diferenciación y polarización se lleva a cabo en nuestra mente. El así llamado mal no puede excluirse; al contrario, es parte de nosotros y parece estar allí para dar a nuestra alma la posibilidad de desarrollarse. Al mostrarse, es como si quisiera llamar la atención para ofrecer la posibilidad de irse hacia la luz, hacia una mejor solución.

Obviamente, la conciencia colectiva y la personal están en un desarrollo evolutivo. Ambas están incompletas y a veces se contradicen mutuamente como en la adolescencia cuando los hijos quieren individuarse y se sienten con culpa al hacerlo.

El alma es progresiva, es una fuerza evolutiva, y todo lo que obstaculiza el progreso está contra el movimiento del alma. Quien se abre a estos movimientos del alma, quien se deja llevar por ellos, puede crecer más allá de las limitaciones. Por eso hay ahí, donde las enfermedades se originan por enredos entre estas dos conciencias, posibilidades de sanación totalmente diferentes, gracias a la confianza en los movimientos del alma. Sin embargo, esto requiere de una actitud básica totalmente diferente. Para lograr esto, uno tiene que haber crecido más allá de las limitaciones de los conceptos de inocencia y culpa y ser capaz de observar sin juzgar. En el pensamiento fenomenológico, quien percibe más tiene la razón. No porque es mejor que los demás, sino porque tiene una visión más amplia que se extiende hacia algo más grande y así logra entrar en contacto con los orígenes. No expresa una opinión, sino una observación ampliada.

En las constelaciones familiares podemos ver los movimientos del alma y los podemos seguir. Estos movimientos siempre se dirigen hacia la reconciliación, en un sentido tan amplio que rebasa al individuo y a la misma familia para llegar a la paz.

La comunidad unida por un destino

Comunidad de destino significa, por un lado, un grupo de personas que en conjunto cargamos con el mismo destino, por ejemplo: en una catástrofe natural, una guerra o una persecución, discapacidad o enfermedad. También cuando, de manera voluntaria, entramos en empatía con el destino de otros e intentamos suavizarlo o compartirlo con ellos, como en el caso de ofrecer primeros auxilios o cuando ayudamos a alguien, o en "Médicos sin Fronteras".

Cada sistema familiar es una comunidad de destino a la que pertenecemos, lo queramos o no. Los que pertenecen a ésta son en primer lugar los padres, los hijos, los hermanos de los padres, los abuelos y a veces alguno de los bisabuelos, y las demás generaciones de las cuales no sabemos nada pero que sí existieron antes que nosotros.

En segundo lugar, pertenecen a esta comunidad los que hicieron sitio para otros dentro del clan y los que sufrieron una desventaja o desgracia para que pudieran entrar en este grupo otros integrantes. También aquellas personas que le salvaron la vida a un miembro de la familia, así como cónyuges anteriores de los padres y de los abuelos, o relaciones comparables con un matrimonio, por ejemplo: novios importantes. También las personas que cometieron graves daños o mataron a algún miembro de la familia siguen estando vinculados al sistema.

En esta comunidad de personas, a lo largo de las generaciones y a veces de los siglos, todos se encuentran vinculados con todos mediante profundos lazos de amor y lealtad, pero, generalmente, la vinculación más fuerte es de hijos a padres, entre hermanos y entre esposos. También se observa una fuerte vinculación o identificación de los hijos de un segundo matrimonio con el primer cónyuge del progenitor cuando éste vivió una vida difícil posteriormente o sufrió un infortunio, se enfermó gravemente o murió.

Dinámicas ocultas o enredos sistémicos

> El único sufrimiento válido es aquel que el destino nos depara, no aquel que nosotros nos buscamos.
>
> Bert Hellinger

Muchos de los problemas recurrentes en nuestra vida se deben a dinámicas ocultas, no miradas anteriormente, en la familia. Gran cantidad de conflictos y comportamientos no son explicables por la situación actual de una persona, sino que se remontan a distintos sucesos en su familia de origen, a vivencias de sus padres y antepasados más lejanos, aun cuando éstos hayan muerto. Muchas personas no encuentran la causa de sus problemas a pesar de haber recurrido a largas terapias o reflexiones que buscan el origen principalmente en su infancia. Esto señala que el conflicto viene de más atrás, de otra generación en su historia familiar.

Los problemas se transmiten de una generación a otra creando una cadena de destinos trágicos. Cuando hay eventos traumáticos no resueltos en nuestra familia, éstos también se llevan a la relación de pareja. Son estas dinámicas ocultas lo que Hellinger llama enredos sistémicos.

Todos los miembros de una familia están vinculados entre ellos con amor y lealtad. Por eso, lo que una generación deja sin resolver será un miembro de la siguiente generación la que inocente e inconscientemente trate de solventar, quedando atrapadas en temas o asuntos que no son en realidad su responsabilidad, desde el amor y el deseo por pertenecer.

A nivel inconsciente, hemos observado que parece existir la fantasía de que mediante el sufrimiento y la muerte se puede salvar al otro, o que le va a ir mejor, aunque ya esté muerto. Se llama pensamiento mágico. En el fondo es una conducta muy cómoda, porque no se necesita hacer nada, sino sólo dejarse llevar hacia la repetición del destino de otro porque se cree que la salvación viene de las desgracias.

El pensamiento mágico puede estar profundamente arraigado en una persona y se refleja en conductas que responden al querer ser o hacer como sus padres, lo que se resume en frases como: "Les sigo a su destino, ése es mi amor" o "Te sigo a la muerte", que la persona se va detrás de otra muerta, lo que sucede, por ejemplo, cuando hay una culpa. Ésta es la primera dinámica. Aquí el pensamiento mágico es que la persona que sigue a la otra —muerta— podría expiar su culpa. Llegan a las constelaciones personas que se sienten culpables por algún daño que un antepasado causó a otros o porque a ellas les va muy bien y están superando a otros de la familia.

Existe una segunda dinámica: irse (morirse) en lugar de otra persona, por ejemplo, en lugar de la madre o del padre, significa "mejor yo que tú" y puede llevar al suicidio, accidente o enfermedad grave. Aquí el pensamiento mágico es que se puede salvar al otro; sin embargo, no se resuelve nada, al contrario, generalmente se transfiere de una generación a la siguiente, la más joven y la más débil aparentemente, donde hay un gran amor ciego: amor incondicional, omnipotencia y pensamiento mágico.

El niño enredado en una dinámica tal obtiene una ilusión de poder, se siente como el redentor, por amor. Y como es por amor, tiene una buena conciencia y se siente inocente al hacerlo. Sin embargo, el resultado es, generalmente, que este niño no florezca o que fracase en la vida. No le toca a un niño salvar a sus padres de esta manera, porque es como si el niño fuera un adulto, más grande que sus propios padres, los cuales se convierten para él en niños. Obviamente, esta situación va en contra de los órdenes del amor: en contra de la jerarquía donde los padres son los grandes, y en contra del equilibrio en el dar y tomar donde los padres dan y los hijos toman.

Así, un enredo sistémico se da cuando un miembro de la familia sigue el destino de otro familiar anterior. Podemos estar enredados en el destino de otros, por ejemplo, en el de nuestros ancestros, o en un destino trágico por la injusticia que han sufrido otros. Es como si, por medio del amor ciego de los hijos, estas personas volvieran a la vida; como sí sintieran, hablaran, quisieran actuar y ser reconocidas, amadas y puestas en paz, por nosotros.

Igualmente, es posible que en la relación con un ser amado y después con los hijos se regrese a un drama del pasado, el cual se tendrá que terminar o llevar a un fin. Así, cada uno de nosotros es enredado y enreda a otros en un destino no resuelto, no cerrado. Como consecuencia, inconscientemente arrastraremos y seremos jalados hacia este destino y puestos al servicio del mismo. Esto nos resta libertad y perdemos así la posibilidad de lograr la plenitud.

Mediante la identificación, los que vivieron ventajas quieren parecerse a los que sufrieron desventajas como si se tratara de un proceso de expiación. Hijos o hermanos sanos se enferman por sus padres o como sus padres u otros hermanos o ancestros: los inocentes por los culpables, los felices por los desafortunados y los vivos por los muertos.

Estamos conectados en el amor hacia todos y hacia todo. Es muy importante estar conscientes de que es el amor ciego, incondicional lo que caracteriza a esta vinculación y crea la necesidad de establecer un equilibrio entre la ventaja de unos y la desventaja de otros.

Las implicaciones sistémicas o enredos sistémicos actúan más allá del nivel de nuestra historia personal. Por lo general no estamos conscientes de ellas y sólo percibimos sus efectos cuando el sufrimiento es demaciado grande. Nos puede atar al sistema familiar de manera disfuncional, obstaculizando nuestro desarrollo personal. El trabajo de las constelaciones familiares saca a la luz las dinámicas ocultas, no vistas anteriormente por inconscientes, en las familias, aquellas a las que está sujeta una persona y que la llevan inconscientemente hacia el sufrimiento, la enfermedad y hasta la muerte. Cuando en una constelación se descubre esta dinámica del amor que lleva al sufrimiento del individuo, también se ofrece una opción diferente, algo mejor, porque, al igual que el síntoma, la solución se basa en el amor, pero un amor adulto (que logra mirar, reconocer, agradecer y honrar —y soltar el destino del otro—) expresándose de otra manera después, reconociendo así que se trata del destino del otro y que el propio es diferente.

En una constelación podemos reconocer el rumbo al que nos lleva nuestra comunidad de destino y la razón por la cual nos toma a su servicio. Cuando podemos observar el amor que busca el equilibrio mediante una compensación —que implica el sufrimiento—, esta metodología ofrece una solución diferente, llevando a la persona a una mayor conciencia y una evolución en su desarrollo.

Las lealtades invisibles

Para Boszormenyi-Nagy, la lealtad familiar consiste, por un lado, en la consanguinidad, la preservación de la existencia biológica y el linaje familiar y, por otro, en el mérito adquirido entre los miembros de la familia. Se basa entonces, de manera característica, en el parentesco biológico y hereditario con sus leyes propias que se transmiten en forma de expectativas compartidas no escritas.

Para ser un miembro leal de un grupo, uno tiene que interiorizar el espíritu de sus expectativas y asumir una serie de actitudes para cumplir con los mandatos interiorizados, siendo en esto un regulador importante la culpa ya que cuando no se siguen los mandatos de la familia, uno se siente culpable (tiene una mala conciencia).

Un ejemplo de mandato interiorizado en una familia puede ser la idea de que no es bueno ser adinerado. Cuando un miembro consigue una buena cantidad de dinero, digamos que hace un buen negocio, no puede disfrutarlo. De manera inconsciente hará algo para perderlo aunque después le parezca que tuvo mala suerte y atrae una y otra vez eventos para perder —hasta que tome conciencia de ello.

La actitud confiable y positiva de los individuos es hacia lo que ha dado en llamarse el "objeto" de la lealtad. Su marco de referencia es: la confianza, el mérito, el compromiso y la acción. Los miembros de un grupo pueden comportarse de manera leal por los siguientes factores:

—La coerción externa por ejemplo: cuando pertenece a un grupo no por elección propia sino porque alguien lo obliga.

—El reconocimiento consciente de su interés por pertenecer a aquél, como cuando voluntariamente nos afiliamos a una organización en particular: un grupo religioso, un partido político, un club deportivo, etcétera.

—Una obligación de pertenencia que los liga de modo inconsciente. Es el caso de nuestro sistema familiar.

Los individuos de una familia tienen una deuda de lealtad compartida para con los principios y definiciones simbólicas del grupo. El compromiso de lealtad fundamental hace referencia al mantenimiento del mismo. El miembro leal lucha por alinear su propio interés con el del clan. Cuanto más digno de confianza o confiabilidad ha sido el grupo con nosotros, tanto más le debemos.

Los orígenes de los compromisos de lealtad se inician a partir de algo que se le debe a un progenitor, o de una imagen interna de representación paterna. Los niños son leales a sus padres; por eso rara vez se atreven a llevar una vida mejor que la de ellos y repiten los mismos errores. Tampoco denuncian a sus padres si éstos los están maltratando o cuando hay abuso.

En cada matrimonio se unen no sólo la novia y el novio, sino también dos sistemas familiares de mérito y dos sistemas de lealtades. El compromiso con el propio cónyuge puede resultar secundario con respecto a un endeudamiento implícito hacia la prole por nacer y hacia los propios progenitores o el propio clan. Esto se observa en los pleitos que se repiten una y otra vez entre los dos cónyuges: en realidad, cada uno está defendiendo el sistema de valores de su propia familia de origen.

Frecuentemente los hijos sienten una obligación no cumplida de compensar a sus papás, por poco que lo merezcan. Ésta los priva del derecho a todo goce o a la felicidad.

Existen compromisos de lealtad verticales: van de una generación anterior a una posterior y compromisos de lealtad horizontales: entre la pareja o hermanos. Para el alma de una familia, cada miembro tiene el mismo derecho de pertenencia, independientemente de si está vivo o muerto. Ésta es una ley fundamental en las constelaciones. La persona excluida, alejada, desplazada, difamada, desheredada, injustamente tratada, reemplazada (dándole el nombre de un bebé no-nato o muerto a temprana edad a un bebé posterior) u olvidada crea un síntoma en la familia, una separación entre sus miembros. En este sentido, muchos síntomas representan a una persona excluida del clan. Generalmente, un miembro que se integró después vivirá el destino de esa persona aunque nunca la haya conocido y aun cuando no haya sabido de su existencia. Se trata de un intento instintivo de compensación que se realiza sin control.

Por lo general es un hijo, un nieto o bisnieto quien de manera inconsciente representa a la persona excluida para que se dé la compensación en el sistema y para incluir a ese miembro de la familia o ancestro nuevamente.

Por ello, una de las líneas de trabajo más importantes en las constelaciones familiares es unir lo que antes estaba separado, porque el alma de la familia no tolera la separación. Tampoco que alguien sea considerado más grande o más pequeño, o mejor o peor. Cada uno tiene su propio destino y tampoco puede lucirse con los méritos de otros.

Cuando, en esta dinámica oculta, un integrante de la familia está representando, sin saberlo, a un miembro anterior excluido, puede verse afectado por sucesos trágicos, conflictos, síntomas de enfermedades, accidentes u otros eventos recurrentes. La conciencia del clan siempre busca compensar una injusticia en un interior con alguno de los que vienen detrás.

Cuando hablamos de un miembro excluido puede tratarse de alguien que cometió un delito y por eso nadie lo menciona, o alguno que se ausentó o murió. Es común que en algunas familias no se mencione un bebé que murió al nacer y con el tiempo se le olvide. Lo mismo sucede con muchos suicidios; el hecho es tan doloroso para una familia que no se habla de ese integrante como si nunca hubiera existido.

Poco a poco, estos eventos se convierten en secretos en la familia. Pero los secretos tienen una energía que los impulsa a la luz, quieren ser mirados, y la conciencia del clan lo logra al tomar al servicio a otro miembro de la familia para que esto suceda repitiendo la vida o el destino de esa persona.

En la familia existe la igualdad de pertenencia entre todos los miembros y todos están al servicio de algo más grande: la sobrevivencia de la familia y su evolución. Por eso, en una constelación se incluye a todos para que cada uno tenga su lugar. Se trata de un trabajo de reconciliación en el que restablecemos el orden.

Lo que pertenece al orden en el amor entre padres e hijos es, en primer lugar, que los padres dieron la vida, es decir, los padres dan y los hijos toman. Pero no estamos hablando de cualquier dar y tomar, sino del dar y tomar la vida que es un regalo único. Al darles la vida, los padres no les dan a los hijos algo que les pertenezca a ellos porque ellos mismos lo han recibido antes, de sus propios padres. Por un lado, dan la vida a nivel biológico. Y, además, en este acto dan algo de su propia esencia tal como son cada uno de ellos, y lo que ellos son como pareja. Aunque quisieran, no le pueden añadir ni quitar nada o retener algo. Por esto, al recibir la vida, los hijos sólo pueden tomar a los padres como éstos son en su esencia y no les pueden añadir ni quitar nada ni rechazar algo.

Entonces, al principio, los hijos reciben la vida de sus padres, es un acto biológico. El tomar la vida de los padres va un paso más: es decir sí a la vida, tal como fueron las circunstancias, con estos padres y no con otros, y honrarlos por este regalo que es el regalo más grande que los padres pueden dar. Nada se puede comparar con este regalo de la vida. Este hecho hay que agradecer y honrar —en esto está el "tomar a los padres"—. El dar la vida es muy diferente a dar cualquier otro regalo.

Además, los hijos no solamente tienen a sus padres, sino que son sus padres. Éstos dan a sus hijos lo que ellos mismos han tomado antes de sus propios padres, y lo últimos de los suyos. Luego les dan las experiencias y vivencias que cada uno, antes de encontrarse, había vivido. Y, finalmente, también les dan a los hijos lo que ellos como pareja habían ya vivido antes y tomado el uno del otro. No solamente les dan la vida, sino al darla también corren un gran riesgo: la madre puede morirse en el parto y el hombre puede perder a su compañera. Además, la mayoría de los padres también se hace cargo del sustento y de la crianza de sus hijos.

Por eso surge entre padres e hijos este enorme desequilibrio entre el dar y el tomar; de todo esto, los hijos nunca pueden devolver nada o intentar equilibrar algo aunque quisieran hacerlo.

Ya se mencionó que la jerarquía es parte del orden. Todo sistema necesita un orden, necesita reglas, necesita una estructura, no solamente en una empresa sino también en otro sistema vivo, que es la familia: en todo sistema familiar existe una jerarquía entre sus miembros que se determina por el tiempo y función. Los padres estuvieron antes, los hijos llegaron después. El amor puede fluir libremente cuando esta jerarquía es respetada. Los padres tienen prioridad respecto a los hijos porque estuvieron primero en el tiempo. El hijo mayor llegó antes que los siguientes. Muchas veces, en familias grandes, los primeros dos hijos se hacen más cargo de sus hermanos posteriores para apoyar a sus padres. Con frecuencia se observa que los padres dan prioridad a ser padres antes que al hecho de ser pareja, pero la pareja conyugal precede a la pareja parental, y aquí el orden se está trastornando.

Esta jerarquía, este orden, no puede cambiarse, el posterior siempre viene después del anterior porque el tiempo siempre fluye hacia delante. La jerarquía entre hermanos se da por el orden en que fueron llegando y ninguno debe ser excluido, aunque no esté vivo. A la familia pertenecen tanto los hijos vivos como los hijos muertos, y en una constelación uno puede colocarlos a todos, lo cual tiene efectos asombrosos porque un hijo deja de ser el tercero ya que antes de él no solamente hay dos hermanos vivos sino también una hermana muerta, por lo tanto es el cuarto de todos los hijos que tuvieron los padres.

El tomar de la madre y el padre

Este concepto a veces crea confusión porque a veces hay hijos que tienen la idea de que los padres no hicieron suficiente o hicieron lo incorrecto y no lo que hubieran querido recibir de ellos. Es como si los padres deberían ganarse el derecho a que los hijos los reconozcan. Los padres son como son, y son como son porque como niños tuvieron las experiencias de vida con sus propios padres que los convirtieron en lo que son al final. Solamente cuando podemos visualizar la vida de nuestros padres con sus propios padres y aquellas circunstancias a las que estaban expuestos, podemos realmente comprenderlos y tomarlos como son, con sus imperfecciones, con sus culpas y con sus méritos también.

Algunos hijos no toman ni reconocen a sus padres, porque argumentan que no lo hicieron bien, o los acusan de no haberles dado lo correcto o que ha sido muy poco. Justifican su negación a tomarlos con los errores del dador. Algunos padres cometieron graves ataques, incluso a la vida y la integridad de sus hijos. Y como adultos, estos hijos condicionan su reconocimiento. En las constelaciones, en estos casos extremos, se hace un doble movimiento: se toma la vida extendiendo la mano izquierda y se señala con la mano derecha el alto a lo que los demás vivieron. Tomar la vida no es decir sí a las características de los padres, significa tomar la vida.

Se ha visto que los hijos que no logran tomar la vida, o que no hacen la diferenciación entre tomar la vida y dejarles sus características o fechorías a los padres, se sienten vacíos, sufren depresiones y no logran vivir una vida plena. Como hijos, no se puede exigirles nada a los padres porque los padres son tal como son y esto no puede ser de una manera distinta. Resumiendo, los padres merecen reconocimiento por el solo hecho de haber dado la vida y sólo por esto. No se puede estar en paz con uno mismo si no se está en paz con los propios padres. Para esto uno debe tomarlos tal como son.

En las constelaciones se observa que cuando un hijo se niega a tomar de sus padres el resultado es sentirse incompleto. ¿Cómo vivirá esto en su vida como adulto? Buscará compensar esta falta, intentará llenarse con otras cosas, pero nunca tendrá la sensación de suficiencia, de estar completo, y vivirá su vida persiguiendo algo que no sabe en realidad qué es —la falta de uno de sus progenitores.

Los hijos no tienen derecho sobre la herencia de sus padres ni éstos tienen ninguna obligación de heredarles sus bienes. Si los padres deciden heredar algo a sus hijos, se debe tomar como ganarse la lotería o como un regalo y agradecerlo como tal. Lo que los padres lograron los hijos también lo pueden lograr: está en sus genes y su campo morfogenético.

Cada quien ha tenido el padre y la madre correctos y los hijos somos sus hijos correctos. Cuando tienes un padre, lo tienes tal como es y él es exactamente el padre correcto. Con tu madre pasa lo mismo. Ninguno necesita ni puede ser diferente. Convertirse en madre y padre no depende de sus características morales sino de la ejecución de un acto: el de dar la vida y esto ya está dado. Una pareja que lleva a cabo este acto está enseguida vinculada con un gran orden, con algo más grande que ellos. Los padres merecen el reconocimiento como padres por la ejecución de este acto y solamente por esto mismo. Así, podemos afirmar que lo que los padres hacen al inicio cuenta más que lo que hagan después. Lo esencial que nos llega de nuestros padres nos llega desde la fecundación y por el parto. Todo lo que los padres den después también lo puede dar otra persona (abuelos, hermanos, tíos, cuidadores, etcétera).

La adopción

Cuando vienen personas que fueron adoptadas en la niñez, podemos observar que es muy difícil para ellas vivir con el hecho de que sus padres biológicos no se quedaron con él o ella y que fueron dados en adopción. Internamente lo intuyen y quieren saber quiénes son y los buscan. Lo mismo sucede con niños que fueron criados por sus abuelos como si aquellos hayan sido sus padres. Éstos son secretos de familia que tocan la confianza básica de estas personas y tendrán diversas dificultades en su vida.

La solución está en dar las gracias por la vida a sus padres biológicos, también por no haber sido abortado, sino que se encontró una pareja que querría hacerse cargo de la crianza. Cuando logra esto, puede volcarse hacia sus padres adoptivos y tenerlos como su salvación y su seguridad. Si no lo logra, frecuentemente ocurre que las recriminaciones internas que el niño siente hacia sus padres biológicos se transfieren hacia los adoptivos, y entonces el niño no puede tomar ni a sus padres biológicos ni a los adoptivos.

Entre los riesgos que corre un niño adoptado está el ser enredado en los destinos no resueltos de su familia adoptiva, y cuando le asignan un rol que puede implicar un peligro, a veces de muerte, por ejemplo cuando sustituye a un bebé o hijo muerto de la nueva familia.

Hellinger ha estudiado los efectos de la vinculación del niño adoptado con sus padres biológicos. Lo interesante de sus estudios es cómo se puede resolver esta vinculación de tal manera, como se describe más adelante, que se facilite al niño adoptado el acceso a los padres biológicos y sus raíces y, posteriormente, a sus padres adoptivos para que los respete, los ame y esté dispuesto a tomar de ellos lo que le regalan.

El trabajo con las constelaciones familiares ha mostrado lo grave que es aconsejar a madres y padres dar a su hijo en adopción. A veces, los padres biológicos se castigan drásticamente por ello. Dar a un niño en adopción tiene algo definitivo: los padres se liberan de la carga de un hijo como si no lo hubieran tenido. Dar en adopción y abortar no son totalmente equivalentes, pero en el acto de dar al niño se lleva implícito lo siguiente: "Para mí, mi propia vida es más importante que tu vida".

Es conveniente que el niño adoptado sepa desde el principio que es adoptado. Se le puede decir que otros padres lo tuvieron y no pudieron quedarse con él o ella, y que para ellos, los padres adoptivos, el bebé es una luz en su vida y que tienen las ganas y el poder de mantenerlo en la vida.

Más adelante, lo pueden apoyar en encontrar a sus padres biológicos. Actualmente, en muchos casos, es imposible que encuentre a sus padres biológicos porque la información ha sido totalmente borrada. En el trabajo con este tema, el facilitador acompaña a un niño adoptivo para honrar a sus padres biológicos por el regalo de la vida, y a sus padres adoptivos por mantenerlo en ella, cosa que éstos no están obligados a hacer, pero el haberlo hecho merece ser honrado. Aquí, las razones no juegan ningún papel.

Uno de los problemas principales cuando se da un niño en adopción es que solamente se tiene en cuenta a la madre y al niño. Se deja fuera a los abuelos y tíos, en particular a la familia del padre biológico, a los que se les podría preguntar si quisieran cuidar del niño. Ésta es una información importante para las personas y agencias que trabajan con adopciones. Frecuentemente se olvida que el niño está en medio de un gran sistema de dos familias de origen que puede dar soporte en determinado momento.

Cuando se da un niño a una familia para que lo cuide, los padres biológicos se guardan el derecho a tomar al niño de vuelta. La familia de cuidado es algo temporal, algo limitado. La intención no es entregar el niño para siempre. Es más fácil para el niño porque no hay secreto.

Hellinger opina que es riesgoso que el nuevo esposo de la madre adopte al hijo de ella cuando éste tiene un padre biológico, por ejemplo: cuando hay un segundo esposo de la madre y éste adopta al hijo del primer matrimonio. Aquí se le están quitando, en primer lugar, los derechos al padre biológico. En segundo lugar, se le está relevando de sus obligaciones (esto también podría atentar contra la dignidad del padre biológico) y, en tercer lugar, muchas veces se le niega al niño ver a su padre biológico. Esto tiene consecuencias negativas porque un niño en esta situación frecuentemente lleva a cabo actos de venganza contra el padre adoptivo; por lo tanto, no es conveniente la adopción cuando un hombre quiera vivir feliz con una mujer que antes estuvo casada y tiene hijos del primer matrimonio.

Las familias son comunidades en las cuales todos sus integrantes participan de un destino común; todos lo cargan. Como integrante de una determinada familia, a veces, un niño adoptado tiene que cargar con esto y ayudar así a su comunidad de origen. Si el niño logra erguirse internamente, puede ganar fuerza. En el caso de instituciones u oficinas que intermedian en las adopciones, Hellinger opina que un primer paso podría ser mirar al niño y hacerle la pregunta: ¿cuál función va a tener este niño en la familia que lo quiere adoptar? ¿Tiene que representar a alguien, o sustituir a alguien, o tiene que irse en lugar de otro? Las respuestas a estas interrogantes ayudarían a la decisión e indicarían si el niño estará seguro en esa familia.

Hay nuevas preguntas en el tema de la adopción: antes de dar a un niño en adopción, se puede preguntar no sólo si los padres de la madre podrían cuidarlo, sino también los del padre, a fin de encontrar la mejor opción. El orden sugerido es como sigue: si la madre o el padre no pueden encargarse del niño o de la niña, les siguen los abuelos en primer lugar y después aquellos de la familia que podrían hacerse cargo del niño. Por lo general el niño está en las mejores manos con los abuelos, pero si ellos no están disponibles, entonces los tíos y tías. Únicamente habiendo agotado estas opciones estaría justificado buscar padres adoptivos, según este nuevo modelo.

La pareja

Dijimos antes que en una pareja se une no sólo hombre y mujer, sino también dos sistemas familiares. Esto es importante porque ambos sistemas pueden estar buscando vincularse mediante su unión. Por más que parezca que se trata solamente de la unión de dos individuos, son dos sistemas familiares los que se están vinculando independientemente de que las familias se conozcan o no.

Bert Hellinger establece una serie de criterios sobre cómo se logran o no las relaciones en pareja. Empieza con la descripción de cómo un niño se convierte en hombre y una niña en mujer. Hay que mencionar que su modelo de pareja es heterosexual; sin embargo, en la práctica se ha podido observar que las dinámicas en parejas del mismo sexo son muy parecidas a las de parejas heterosexuales, con el agravante de la desaprobación frecuente de la familia y en general de la mayoría de las sociedades.

Al principio, tanto los niños como las niñas se encuentran en el círculo de atracción de la madre y de ella aprenden lo femenino: sentir, ser empático, compartir y compasión. Sin embargo, si se quedaran allí, esto sería predominante en ellos y se dificultaría recibir del padre lo masculino (acción, decisión, límites, responsabilidad, etcétera). Dentro de este círculo de atracción de la madre, el hijo llegaría a ser un joven eterno, un amado por las mujeres o un amante, pero no un hombre. Por eso tiene que salir de este círculo de influencia de ella a temprana edad, para que no se convirtiera en un círculo de hechizo de ella y dirigirse hacia el padre, colocarse internamente al lado del padre.

Es una pérdida muy grande para el hijo, pero así se podrá convertir en hombre y recibir lo femenino de otra mujer. Entonces tendrá más posibilidades de lograr una relación de pareja.

Al principio, la hija también está con la madre y luego se dirige hacia el padre. Vive lo masculino primero con el padre y esto le fascina porque, sintiéndose segura con él, puede aprender a convertirse en mujer seductora que posteriormente podrá atraer a un hombre. Si se queda en el círculo de atracción del padre, que podría convertirse en un círculo de hechizo para ella, sus partes masculinas (que le pueden servir muy bien en su vida como mujer social, y en su profesión, por ejemplo) dominarían y solamente logrará convertirse en la niña eterna o la amante en un grupo de tres, con un hombre casado. Más tarde no podrá irse completamente hacia el hombre. Para convertirse en mujer, la hija tiene que dejar al primer hombre de su vida: su padre, y volver con la madre, pararse a su lado y allí convertirse en mujer.

Paradójicamente, cuando el hijo se queda en el círculo de atracción de la madre, tiene menos comprensión, compasión y respeto para otras mujeres, y no les cae tan bien a otros hombres y mujeres. Esto le ocurre también a la hija respecto a su padre.

Todo es diferente entre el hombre y la mujer: el pensar, el sentir, la visión del mundo y la manera de reaccionar y acercarse a las cosas, pero ambas formas de ser y de vivir son maneras completas y equivalentes de realización y se pueden complementar.

Según el modelo de Hellinger, el hombre se convierte finalmente en hombre cuando toma a una mujer como su mujer. Y la mujer se convierte en mujer cuando toma a un hombre como su hombre. Esto es un gran impulso energético para ambos. Y para que la relación de pareja entre un hombre y una mujer mantenga lo que ofrece, el hombre tiene que seguir siendo hombre y ella mujer.

En una relación de pareja, el hombre puede renovar su parte masculina cuando está con otros hombres, y la mujer su parte femenina cuando está con otras mujeres. Entonces, la relación se carga otra vez de energía, de fuerza. Así puede seguir y profundizarse.

Cuando el hombre desarrolla dentro de sí sus facultades femeninas por encima de las masculinas ya no necesita a la mujer, y viceversa.

La mayoría de las relaciones inician cuando una persona está buscando a alguien de quien cree poder recibir aquello que siempre había deseado (recibir de su madre o su padre). Hellinger ha observado que la necesidad más profunda de una mujer, cuando encuentra a un hombre, es tener de vuelta a una mamá, y el hombre parece tener la misma necesidad. Esto puede llevar pronto a decepciones. Ambos estarían en una situación de querer recibir algo del otro (como de una madre) en lugar de darle algo al otro (como dos adultos).

Hellinger cree en la igualdad en la pareja. En esta relación se juntan dos personas iguales en lo que tienen y en lo que les falta. Parte del orden entre el hombre y la mujer es que el hombre quiera a la mujer como su mujer y la mujer quiera al hombre como su hombre. El intercambio que exista entre los dos es básico: ambos dan y reciben de forma igualitaria. El problema surge cuando uno de los dos o los dos busca en una relación de pareja la satisfacción de su necesidad de vinculación y pertenencia de la misma manera en que lo hace un niño frente a los padres.

Otra dificultad surge cuando uno de los dos se cree con derecho a educar al otro. Sin embargo, el otro ya había vivido esto antes con sus propios padres y buscará evadirse y relajarse de esta presión que ya había vivido como niño o niña. ¿Dónde lo hará? Generalmente con alguien fuera de la relación con su pareja. Ésta es una manera rápida de deshacerse de la pareja.

Otro factor importante para que una relación entre el hombre y la mujer se logre es cuando la mujer sigue al hombre, es decir: sigue a su familia, a su lugar, a su círculo, a su religión, a su cultura e idioma, y cuando está de acuerdo en que también los hijos sigan a su padre. Sin embargo, aquí es necesario un equilibrio para que haya orden en el amor: el hombre tiene que estar al servicio de lo femenino en la mujer (no al servicio de la mujer) que se encuentra en un hábitat desconocido para ella. Así el hombre conserva la fuerza y al mismo tiempo protege y cuida a su mujer.

Los objetivos de una relación están ya dados desde lo inconsciente y demandan constancia y esfuerzos. Una de las demandas más difíciles es ver al otro tal como es. Pero ver al otro tal como es no es fácil porque la relación de pareja suele iniciarse por el enamoramiento, en el cual se idealiza al otro. Más tarde, cuando la realidad no cumple con el ideal se le puede ver totalmente diferente de lo que pensaban que eran al inicio de su relación. En ninguna de las dos etapas se está viendo la realidad.

Cuando dos personas se juntan en un vínculo de pareja, cada uno lleva consigo un modelo que viene de su familia de origen. Cuando existe un exceso de cercanía con la familia de origen surgen muchas dificultades. La tarea es honrar a los dos sistemas de las familias de origen y crear un tercer sistema, la pareja y la nueva familia.

La vinculación en la pareja

El vínculo con la pareja es más fuerte que el vínculo con los padres. Para Hellinger la relación sexual entre el hombre y la mujer es el acto humano consumado más grande que existe, no hay ningún otro con mayores consecuencias. Esto le da fuerza a la pareja porque es un acto profundo, ya que en ningún otro momento se descubren tanto y muestran tan claramente su vulnerabilidad.

En una relación de pareja el equilibrio es de gran importancia. Por lo general, si uno de los dos ama más o desea más, es más vulnerable en su posición dentro del vínculo porque entonces el otro tiene el poder de rechazarlo. Esta situación evita el equilibrio e imposibilita el intercambio. Por ello, para que se logre una relación de pareja, el riesgo de ser rechazado tiene que ser compartido entre los dos. Para que el intercambio y el equilibrio se logren, ambos tienen que desear y ambos tienen que conceder lo que el otro desea, con amor.

La separación de la pareja

Cuando se separa un matrimonio en el cual hubo hijos, la situación tanto para el hombre como para la mujer es difícil. Ambos han entablado el vínculo con diferentes esperanzas y, cuando se acaba, generalmente sucede sin que ninguno de los dos realmente tenga la culpa. En muchas parejas, la relación se acaba porque cada uno está enredado en su propio modo muy particular, con la familia de origen o con el sistema familiar de los ancestros, y porque uno de los dos empieza a caminar en un sentido diferente.

Pensar que uno de los dos es culpable es una falacia, porque entonces puede surgir la ilusión de que se podría hacer algo si el otro cambia, o que uno sólo tendría que comportarse de otra manera. Este pensamiento no sirve para nada. Es mejor entregarse a la tristeza, al dolor profundo y al duelo de que todo se acabó. Este duelo, aunque profundo y doloroso, pasa y posteriormente se está en posibilidad de hablar de qué fue lo que pasó.

Sin embargo, cuando dos personas no pueden separarse, frecuentemente se debe a que falta recibir algo aún que no se había dado o recibido durante la relación. Cuando este algo se ha entregado, podrá entonces darse la separación.

Hellinger aporta un cuento con respecto a la separación entre las parejas:

> Dos empiezan su camino, con una mochila llena de provisiones. El camino atraviesa jardines y prados en plena flor. Y se alegran.

Luego empieza a subir el camino y empiezan a comer algo de sus provisiones y, finalmente, a uno de los dos se le acaban sus provisiones y se sienta. Pero el otro sigue caminando un poco más lejos y un poco más alto. El camino se vuelve cada vez más pedroso y también se le acaban sus últimas provisiones. Entonces, se sienta y echa una mirada hacia el valle y los jardines en flor y empieza a llorar.

La muerte y los muertos

> La familia se reúne alrededor del padre que representa al jefe. La continuidad de esta reunión se realiza mediante los sacrificios a los antepasados, rituales durante los cuales se encuentra reunido todo el clan. El recogimiento de sus miembros vivos hace que los antepasados se integren en la vida espiritual de la familia; de esta manera no pueden ser dispersados o disueltos.
>
> I-CHING

En muchos cultos ancestrales encontramos el culto a los muertos y, en especial, a los antepasados. En México sigue viva la tradición de la fiesta de Día de Muertos, en la que se les recuerda y honra. Se les visita en los cementerios, se encienden velas y se les llevan regalos y flores. En muchos hogares todavía se colocan altares con sus retratos y sus alimentos favoritos.

Estas tradiciones no sólo son una simple costumbre, sino también responden a una necesidad del alma de las familias, una conciencia que busca que nadie sea olvidado. Vienen de tiempos en los que, para todos los integrantes de una familia, estaba muy clara la pertenencia e importancia de todos.

En la conciencia familiar, todos los muertos están presentes, no importa si se les ha olvidado. Viven en nosotros como recuerdos y, si son excluidos, pueden verse los efectos en los presentes, en los que llegaron después. La película *Coco* lo muestra magistralmente.

Muchas veces, en las familias hay muertes no concluidas, duelos no llevados a cabo adecuadamente. En las constelaciones familiares, con frecuencia se observa que una persona siente un jalón para seguir a una persona muerta, o no suelta a la persona amada muerta. El trabajo aquí es reconocer lo que es: reconocer que el otro está muerto, sentir lo que le ha dado a uno, agradecerle y honrarlo y así ponerlo en el corazón. En muchas culturas el tiempo reconocido y aceptado del duelo dura como un año.

La muerte siempre llega correctamente, sea porque ya no hay lugar para nosotros en este mundo, sea que nuestro tiempo se acabó y nosotros hemos completado nuestra tarea, sea porque ha llegado la hora de hacer un espacio para otros. La muerte nos devuelve al origen del cual la vida surge y hacia el cual regresa. Vivir bajo la mirada de la muerte es vivir frente a la despedida. Sin embargo, esta conciencia de la despedida posibilita vivir mejor el presente. La despedida se logra cuando celebramos todo: vida y muerte, venir y partir, entonces estamos completos.

En las constelaciones se observa que los representantes de los muertos que se fueron de una manera trágica o inesperada de la vida y cuya muerte les da miedo a los vivos, se sienten mal. Pareciera que necesitan algo más para encontrar su paz. En estos casos los vivos tienen que inclinarse, honrarlos, mostrarles su amor y mostrarles también que la vida siguió. Entonces, los representantes de los muertos han compartido que los muertos encuentran su paz y los vivos también. Los muertos, que antes les habían causado miedo a los vivos, irradian de repente una energía benévola, como una bendición, y el consultante puede vivir su vida de una manera plena y en honra de aquellos.

Víctimas y perpetradores

A pesar de que mucho se insiste en que uno debe perdonar, para la conciencia del clan esto no sólo no soluciona el conflicto sino que lo encubre y lo transfiere; no sirve para recuperar el equilibrio. En esta metodología, en el acto del perdón uno se arroga algo, porque infiere una superioridad moral que se adjudica el que perdona, siendo éste un derecho que no tiene. En constelaciones no trabajamos con el perdón porque éste sólo se puede dar entre iguales y cuando ambos reconocen su parte de la responsabilidad, de su culpa o como una manifestación de su destino.

Sin embargo, la víctima tiene derecho a la reparación. El culpable, a su vez, tiene la obligación de aceptar las consecuencias de sus actos y ofrecer la compensación.

Cuando esto se aclara se abren posibilidades completamente diferentes para encontrar una solución. A veces, se cree que en la víctima cambia algo si el victimario carga con la culpa y es castigado. Ya sufrió el daño, a veces irreparable, y no ayuda a ninguno de los dos.

Frecuentemente se excluye de las familias a los perpetradores. Sin embargo, para Hellinger, éstos están al servicio de algo que actúa detrás de ellos. Por tal razón, no es suficiente cuando solamente vemos a las víctimas y los victimarios, los vivos y los muertos. Detrás de ellos hay algo mayor que no podemos ver: la Gran Alma. En ella, todos estamos juntos. En la muerte, tanto las víctimas como los victimarios se encuentran y son iguales, sus cuerpos son cenizas y sus almas están en otra dimensión.

Las reflexiones que ofrece Hellinger en torno a víctimas y victimarios han sido controversia en muchos ámbitos y, sin embargo, podrían ser un inicio para verlos diferente: no solamente ver a las víctimas sino empezar a ver también a los victimarios.

Con frecuencia, algún miembro de la familia se enfurece con el perpetrador y quiere vengarse. Con esto se imposibilita que haga su trabajo de duelo y vivir la tristeza, teniendo como consecuencia que no puede despedirse de sus muertos; por lo tanto, nadie encuentra la paz.

Los muertos son reconciliados por el dolor y, cuando después hacemos un bien en su memoria, surge una fuerza de ellos en nuestros actos y hacia los demás.

Aun cuando el perpetrador hiciera un bien, esto no le quita la culpa. Ésta permanece y es su responsabilidad. Sin embargo, después de un tiempo de haber mirado a las víctimas y a los perpetradores, hay que despedirse de ellos, porque todos tienen el derecho a estar en paz; el evento trágico que se dio entre ellos pasa a ser parte del pasado de la familia. El consultante los trajo del pasado al presente, los miró, los reconoció, y con su presencia amorosa les muestra que la vida siguió.

Solamente así podemos despedirnos de los muertos y soltarlos, independientemente de si fueron víctima o victimario: tenemos que mirarlos y honrarlos para ser bendecidos por ellos y así poder seguir con nuestro propio camino, libres aunque marcados, cruzando el río que nos separa aún por un tiempo de ellos.

Reconciliación y paz

Para Hellinger, la paz se da cuando los que antes estuvieron opuestos se encuentran, se reconocen mutuamente. Juntos sienten el dolor de las víctimas de ambos lados y reconocen el sufrimiento que se han causado mutuamente.

El conflicto es la condición previa para la paz. Sin embargo, a veces, la conciencia que rige en un determinado grupo amenaza la paz. En el anonimato de los grupos, nos volvemos ciegos hacia el individuo. Cuando está en contra de las fuerzas colectivas, el individuo es impotente, lo cual significa que tiene que esperar el tiempo correcto, hasta que las fuerzas de guerra se hayan agotado. También significa aguantar el conflicto y aceptarlo totalmente.

La paz nos exige toda la fuerza y todo el valor. Cuando estamos de acuerdo, cuando aceptamos un conflicto o una situación y los reconocemos como la realidad, entonces ganamos fuerza para poder tener influencia y llegar a la paz. Hay que mirar de dónde podemos tomar esta fuerza. Esta fuerza se halla en nuestra familia; la reconciliación toma lugar en el alma. Quien no la logra tampoco puede generar la paz.

Para Hellinger, la guerra es de los dioses, y estos dioses se llaman democracia, libertad, independencia, autonomía y la obsesión de ganancias, la avaricia, entre otros. Parece que una gran parte de los seres humanos nos adherimos a estos dioses.

La experiencia histórica muestra que en los conflictos, la paz solamente puede llegar cuando ambos lados han llegado a una impotencia, cuando ya no pueden más. Entonces, es realmente la impotencia la que lleva a la paz. Sin embargo, Hellinger opina que el principal obstáculo para la paz es el recuerdo. Para él, los recuerdos debilitan. Opina que el secreto de la paz es que se da cuando el pasado queda finalmente en el pasado, habiéndolo mirado, habiéndose enfrentado, habiendo sentido el dolor por una última vez.

Un destino que se rechaza se apodera de nosotros. Cuando reconocemos y aceptamos nuestro destino, ganamos fuerza, fuerza para la paz interna y para la paz en el mundo. La paz empieza, pues, en la propia alma. La paz también puede empezar a darse cuando dejamos de diferenciar entre el bien y el mal, cuando consideramos que estos opuestos son parte de un todo. En el momento en que pensamos que nosotros somos "los buenos", excluimos a otros que consideramos "los malos", en el eterno conflicto entre "ellos" y "nosotros".

Paradójicamente, cuando miramos hacia nuestra alma y lo que consideramos como bien o mal, podemos comprobar que entre los dos el así llamado mal tiene más peso, tiene más energía. Al mismo tiempo, nos podemos dar cuenta de que el así llamado bien no tiene tanta fuerza.

3

Dinámica de una constelación familiar

Es difícil explicar todo lo que ocurre cuando se lleva a cabo una constelación, pues lo que en ese momento se experimenta suele ir más allá de la razón. La realidad, profundamente conmovedora de este trabajo, solamente se puede aprender a través de la propia participación en una constelación familiar. La experiencia incluye a todos los presentes, quienes reciben un beneficio, participen en la constelación o no. El simple hecho de estar en un taller dejará una huella en cada participante. No podemos ser observadores. La separación entre el observador y lo observado dejó de existir con la Teoría General de Sistemas y el pensar sistémico.

La premisa en las constelaciones es que se trabaja con adultos que ya han reflexionado sobre lo que les ha estado pasando y que no han podido encontrar una solución creativa a lo que llaman su problema. Se han quedado en "más de lo mismo", lo cual lleva a repeticiones constantes de las mismas situaciones vitales.

Hemos visto la importancia que tiene la historia de nuestra familia en una constelación. Antes de acudir como consultante, es aconsejable contar con la mayor información posible acerca de la misma, y si no se tiene, de todos modos se encontrarán maneras para una mirada diferente. Las familias suelen guardar secretos, así que es probable que no sepamos algunas cosas. No importa por qué, ya que en la constelación, éstos surgen a la luz cuando tienen relevancia en el problema que se está tratando de resolver.

Muchas personas ignoran quiénes fueron sus abuelos o bisabuelos, cuántos hijos tuvieron y qué sucedió con todos ellos simplemente porque nunca lo han indagado. Se recomienda que el consultante averigüe lo más que pueda con sus parientes cercanos, especialmente los eventos traumáticos, como muertes prematuras, accidentes, suicidios y todos aquellos eventos que, en un momento dado, cambiaron la vida de la familia. Es importante saber si alguien en la familia fue excluido por la razón que sea. La historia familiar en este caso es más que un árbol genealógico ya que contiene información sobre el tipo de relación entre sus integrantes. Para facilitar esta tarea, podemos utilizar una herramienta muy efectiva llamada genograma, que sirve mucho para las constelaciones individuales en consultorio. Se trata de una representación gráfica que revela, además de la genealogía que muestra el parentesco, detalles del tipo de relación entre los individuos y datos importantes de su vida. De esta manera, se pueden identificar repeticiones en ciertos patrones que pueden estar influyendo en el consultante. En el genograma se muestran, como en un mapa, hechos que podíamos haber pasado por alto. Desarrollado y publicado por Monica Mcgoldrick y Randy Gerson en 1985, el genograma es utilizado hoy en día en diferentes campos, como la medicina, la psicología y la investigación genética, entre otros.

Un genograma contiene información básica de los integrantes de una familia, como género, fecha de nacimiento y de defunción. Además, presenta datos, como su ocupación, los eventos importantes en su vida, enfermedades crónicas y el tipo de relación con los otros, como de amor, amistad, rencor, odio, etcétera.

Normalmente se representa a una mujer con un círculo y a cada hombre con un cuadrado. Uno como consultante se coloca en la parte alta del último tercio de una hoja, junto con el cónyuge, y después se apuntan los hijos en común más abajo. Todos los hijos quedan en el mismo nivel.

Por encima de uno mismo uno sigue con los propios padres, los abuelos y algunos bisabuelos si se consideran relevantes en la historia familiar debido a algún evento importante. También pueden incluirse los tíos y otras parejas de los padres.

Si alguno está muerto se marca con una X. Se puede poner la edad a la que murió o la fecha del fallecimiento. Asimismo se puede elegir un símbolo para alguna enfermedad crónica que se repita en la familia, como la diabetes, o para eventos como suicidio, asesinatos, abortos, violaciones, accidentes, etcétera. Lo importante es incluir todo aquello que uno considere relevante. El ejemplo siguiente muestra un genograma simplificado.

En caso de contar con una familia muy numerosa hay que utilizar una hoja de papel lo suficientemente grande para que se pueda incluir a todos.

GenoGrama de ana

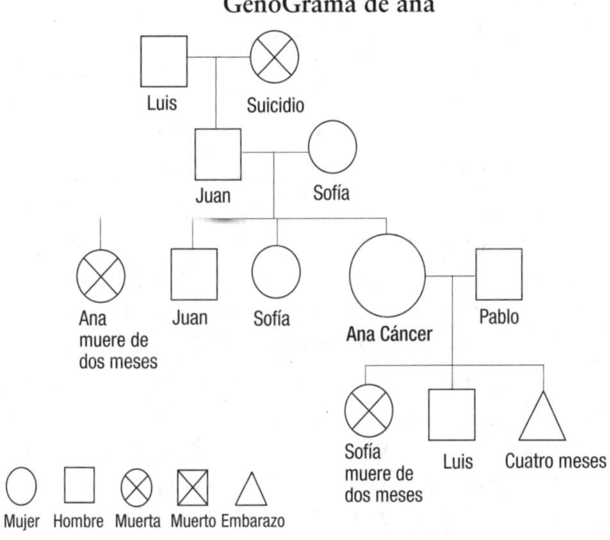

Cuando uno ve por primera vez el propio genograma empieza a entender que muchos de los problemas que se tienen corresponden a un patrón que se ha venido repitiendo quizás por generaciones. Se ve por primera vez la historia familiar como un conjunto y no como hechos aislados.

Colocación de la constelación

El trabajo con constelaciones se hace generalmente en grupos que se colocan formando un círculo. En un grupo pequeño, el facilitador puede empezar con una ronda preguntando a cada uno de los participantes cuál es su tema de trabajo con una descripción breve.

En grupos más grandes, generalmente se pregunta si alguien en el grupo sufre actualmente de una enfermedad grave, o si alguien tiene una familia con algún miembro que se suicidó o que ha amenazado seriamente con suicidarse. Para mí, estos dos temas tienen prioridad en el presente.

Algunas de las problemáticas presentadas se pueden responder en ese momento, a manera de intervención breve, pues todo el grupo de los presentes forma, al mismo tiempo, un círculo de aprendizaje.

El facilitador empieza a trabajar con un consultante. Lo invita a sentarse a su lado y mantiene una breve entrevista con él o ella, particularmente en torno al tema que dijo querer trabajar, sabiendo de antemano que el motivo explícito de la consulta no siempre resulta ser el tema verdadero, o sea, el tema que se refiera a la dinámica oculta. Observa si hay congruencia entre lo dicho y lo observado a nivel corporal mediante el lenguaje corporal.

El facilitador pide al consultante que mencione los eventos importantes de su vida, en la familia o en el clan, pues la constelación se realiza con temas de la familia actual o de la familia de origen. Se tiende a dar prioridad al presente y sólo en caso necesario, el facilitador irá al pasado de la familia de origen.

El facilitador pregunta por eventos, todo lo que puede ser traumático para el alma. La hipótesis es que primero se enferma el alma y posteriormente el cuerpo. Aquí definimos "trauma" como la reacción de la persona después de un shock o de un evento que generalmente resulta en una desconexión de la persona de sí misma, de sus recursos y también de los demás. Se trata de una situación de sobreexcitación emocional máxima del alma, acompañada por una capacidad mínima de acción.

Utilizamos el concepto 'evento' para nombrar lo que es accidental, inesperado, frecuentemente improbable, aleatorio, histórico y concreto, y que no tiene posibilidad de regresar en el tiempo, es decir, hacerlo desaparecer. Y son los eventos los que reorganizarán la vida de la familia en forma diferente, donde pueden darse regresiones y progresiones. Sin embargo, el sistema familiar tiene una tendencia organizadora y puede aprovecharse de tales accidentes y azares. Las constelaciones pueden mostrarle sus recursos al consultante porque de cada evento, aun de los más difíciles, podrán surgir un recurso y una fuerza sanadora. En constelaciones familiares se trabaja con eventos como muertes prematuras y trágicas, desaparición de personas, accidentes, suicidios, enfermedades graves, guerras, migraciones forzadas, abortos y muchos otros. Lo que importa son los hechos, no se pide al consultante que proporcione características de las personas que se están representando, sino únicamente la información estrictamente necesaria.

Tampoco se habla de generalidades, por ejemplo: cuando el consultante expresa que quiere mejorar la comunicación con alguien. Se intentaría reformular esta demanda en otro sentido, como cuáles son los obstáculos en su comunicación o cómo se manifiesta su falta de comunicación, y qué sería diferente si la lograra. Si expresa que es infeliz, se le pregunta cómo se manifiesta u observa su infelicidad o, en caso de falta de salud, cuál es la enfermedad o síntomas que le aquejan. Es decir, se solicita que el consultante presente su tema de la manera más particular y personal. A veces ayuda que el facilitador haga preguntas que aclaran el tema o motivo de consulta con más precisión. No se atienden solicitudes que se basan en la mera curiosidad o en el morbo.

Posteriormente se invita al consultante a elegir entre los presentes a representantes para él y los miembros de su familia (actual o de origen, según la pregunta) y colocarlos, aun sin orden o intención, en el centro del grupo. Para la elección se le solicita que no se deje guiar por semejanzas físicas. En caso de que el problema central se presente como una enfermedad, el facilitador puede pedir al consultante que elija a alguien para representar a la enfermedad.

En el siguiente paso, el facilitador lo lleva brevemente a su imagen de la familia interiorizada, es su imagen mental, como una fotografía que todos tenemos de nuestra familia, en cuanto a cercanías y distancias, para que mueva y coloque en el espacio a los representantes elegidos de acuerdo con esta imagen.

Es importante no pensar que los representantes están jugando un papel; no se trata de una obra de teatro, tampoco es la técnica del psicodrama. Lo que sucede en una constelación familiar no lo puede imitar ningún actor, aunque sea muy bueno. En una constelación, los representantes entran en contacto con fuerzas profundas que los rebasan y que no se pueden llamar de manera consciente; por eso tampoco se pueden repetir. Cuando se coloca la familia, la familia verdadera está presente y los representantes sienten como las personas reales.

Lo que un representante hace durante una colocación es entrar en el campo del saber, con respeto. Se vincula así con la persona que está representando y adquiere una introspección y una fuerza que le ayuda, siempre y cuando adopte una actitud humilde.

Mediante las manifestaciones, reacciones físicas y percepciones de los representantes tenemos acceso a las dinámicas ocultas, no vistas anteriormente, del sistema familiar del consultante. Estas manifestaciones surgen de un nivel fenomenológico, mostrando al consultante que observa aquello de lo que no era consciente.

Las percepciones de los representantes emanan del campo morfogenético del consultante. Experimentan a nivel físico el modo en que el consultante está inserto en su sistema, así como la manera en que la presencia y cercanía de cada uno influye sobre todos los demás. De esta manera, los representantes desarrollan percepciones acertadas respecto al consultante y su familia.

Aquí, el espacio juega un papel muy importante. Nuestro cuerpo absorbe información de lo que está ocurriendo a nuestro alrededor y reacciona en resonancia con los sentimientos y estados físicos de quien se encuentra presente. Esto es así porque en un sistema, cada elemento está en resonancia con el todo.

Cualquier persona presente puede ser representante. No se requiere ningún entrenamiento previo, ni siquiera haber estado presente antes en una constelación; es decir, cualquier persona puede entrar en al campo morfogenético de la familia que se está representando y, al ocupar el lugar específico de la persona representada dentro de ese sistema, experimenta los sentimientos de esa persona.

En las constelaciones, la pregunta por el sentimiento del consultante es secundaria. Éste coloca a su familia y lo hace bajo el efecto de un saber inconsciente. De esta manera lleva a la luz una realidad que le era oculta antes.

Durante la colocación, el facilitador sólo observa sin juzgar. Sabe que no puede hacerse responsable por algo que no le pertenece. Esto requiere una gran humildad y así mantiene también su dignidad. Por eso solamente trabaja con alguien que realmente lo quiere y necesita, y hasta donde le es permitido. No va más allá de estas fronteras, de estos límites.

Uno de los factores más importantes en este trabajo con las constelaciones familiares es el de las dos imágenes: la imagen inicial del problema y la imagen final o de "solución". Aquí "solución" no es un término absoluto, en el sentido de "la" solución o la única solución posible, sino que es vista como una mejor solución que la de antes, en la cual puede darse un cambio para el consultante y su sistema familiar. Esta mejor solución se muestra en la imagen final cuando todos los representantes se sienten mejor.

La primera colocación que el consultante hace con los representantes es la imagen interiorizada de su familia de origen o de la actual. Es la que define al individuo porque éste vive su vida según esta representación interna. Es una colocación que representa la imagen interiorizada de los vínculos de su familia en cuanto a cercanía y distancia (emocional, corporal y espacial), lo cual determina los sentimientos de esta persona en su propia familia con respecto a sus demás integrantes.

En esta primera imagen, generalmente, se puede observar la falta de orden que rige en la familia, narrada por este miembro. La premisa sistémica aquí es: el lugar que cada uno ocupa en el sistema determina los sentimientos. Los representantes perciben esto, lo sienten y lo expresan.

En esta imagen inicial, puesta en escena dentro del grupo con ayuda de algunos representantes, además de mostrarse el origen de un enredo sistémico, se puede observar el intento del consultante para llegar a una solución, intento inconsciente que por lo general lleva a más de lo mismo al tratar de crear un equilibrio de justicia dentro de la conciencia de su clan a través de algún tipo de sufrimiento.

El consultante puede ver su imagen mental o representación interiorizada del sistema familiar del cual es integrante en una escenificación tridimensional en el espacio. En otras palabras, se trata de una condensación individual metafórica de la totalidad del guión familiar o individual interiorizado.

Ya sabemos que el lugar sistémico que ocupa cada miembro de la familia al vincularse con los demás del sistema determina sus sentimientos y sus acciones. Por el hecho de estar en un particular lugar sistémico, en cuanto a cercanía o distancia entre los miembros de la familia de la constelación que se escenifica, los representantes de los diversos miembros de la familia se convierten en portadores de determinados sentimientos que pertenecen, habitan o están depositados en ese lugar sistémico. Rupert Sheldrake dice al respecto: "...solamente un elefante cabe en el campo morfogenético de un elefante...".

El facilitador invita al consultante a ver la constelación desde la distancia, pero no le permite cambiarla posteriormente: la primera impresión generalmente es la correcta. El consultante puede observarse a sí mismo dentro de su sistema familiar.

Lectura corporal durante una colocación

> ...el cuerpo siempre dice la verdad.
>
> John Pierrakos

Le ayuda al facilitador haberse entrenado en lectura corporal y todo el lenguaje analógico. Desde el inicio de la sesión, el consultante da indicadores o señales corporales que sirven para acompañarlo en su constelación: cómo entra, cómo se sienta, qué posición toma, sus gestos, el tono de voz y la expresión de los ojos, por mencionar algunas.

En realidad, desde que el facilitador invita al grupo a compartir sus temas, puede observar si una persona tiene claridad en su presentación, está confusa o queda en generalidades o vaguedades. Observa si hay discrepancias entre lo que dice y lo que expresa su cuerpo, si quiere ser la primera persona en trabajar o esperar un poco.

Mientras el consultante coloca el sistema, el facilitador observa detenidamente su cuerpo, sus movimientos y su actitud.

¿Está viendo la imagen interiorizada con sus ojos internos?

¿Está sereno o coloca de una manera rápida, descuidada, autoritaria, o quizás sin respeto hacia los representantes? ¿Está hablando al mismo tiempo o haciendo comentarios o bromas? ¿Da indicaciones a los representantes? ¿Está eligiendo representantes según un parecido físico?

El facilitador observa el lenguaje corporal del consultante mientras coloca a cada representante, quien, al ocupar su lugar en el sistema, también presenta un lenguaje corporal que habla de los sentimientos de la persona representada.

Mucho de la lectura del lenguaje corporal se basa en la historia congelada en el cuerpo de la persona y lo demás en la capacidad de percepción y la intuición del facilitador. No obstante, el principio más trascendental es el lugar que se ocupa respecto a los demás representantes en la colocación, ya que un principio sistémico es que el lugar que ocupamos determina nuestros sentimientos.

La lectura de la imagen inicial

Una vez colocado el sistema, el consultante se sienta otra vez al lado del facilitador. Éste se expone a la imagen inicial, pidiendo a todo el grupo que guarde silencio y dando la instrucción a los representantes de no moverse, observando primero la topología de la constelación, es decir, cómo están posicionados, con mira especial a la pareja. El facilitador hace la lectura corporal de cada uno de los miembros y de la totalidad del sistema (pero es ya de una manera implícita): ¿dónde y cómo están posicionados y distribuidos, cómo están agrupados; si alguno está más cerca o más lejos (esto expresa la calidad de los vínculos entre ellos); si alguien quedó fuera, en la orilla (lo que señala exclusión) o mirando hacia afuera, dando la espalda a los demás (esto indicaría que quiere irse del sistema, a veces por medio de una separación o divorcio, a veces con la muerte, siguiendo a alguien ya muerto).

Es importante la postura corporal de cada uno de los representantes (está derecho, encorvado, sin energía, con tendencia a salir del sistema, entre otras). Para el facilitador, las señales son claras. Su entrenamiento en lectura corporal le da la habilidad de interpretar los gestos, las miradas y toda la expresión de cada uno de los integrantes de la familia que está siendo representada. Con esta información sin palabras, ve el sistema completo y lo que está sucediendo dentro del mismo.

También observa si algún representante empieza a mostrar síntomas. Desde la entrevista, también se da cuenta de si alguien falta, lo cual revela exclusión y olvido. Esto suele suceder en casos de aborto, hijos muertos prematuramente, un primer cónyuge separado o divorciado, algún cónyuge fallecido, un progenitor ausente, y particularmente víctimas y victimarios.

En segundo lugar percibe el ambiente emocional del sistema. ¿Hay fuerza?, ¿Se capta amor o hay debilidad, tristeza, desafío, orgullo, dolor, rencor, desdén? ¿Cuál es la expresión de sentimientos mediante los cuerpos de los representantes?, por ejemplo: hombros altos o caídos, inquietud o incomodidad en el lugar asignado, alguien que quisiera moverse, alguien que toca de repente una parte del cuerpo con dolor, por mencionar algunas de las señales del lenguaje analógico que el facilitador observa y de las cuales conoce el significado.

Un ejemplo de lectura corporal se ve cuando, en la constelación de un sistema familiar, todos los integrantes dirigen su mirada en la misma dirección. Esto podría indicar que alguien de la familia está afuera, excluido, y que todos lo están mirando (puede ser un muerto).

Otro ejemplo es cuando el facilitador decide darle vuelta a un representante que estaba mirando hacia afuera, con relación a la posición inicial adoptada por él. Con este pequeño cambio es posible ver si algo lo jala de vuelta a su familia de origen, o si está atado a algún destino que le impide una nueva relación. También puede verse si alguno de los miembros tiene tendencia a salir de la familia. Con frecuencia ha resultado que es la mujer quien quiere irse y en su lugar se va el marido. Se puede observar en la reacción del otro quién realmente quiere irse (si el cónyuge se relaja cuando el otro se va).

La postura que adopta el hombre parado a la derecha o a la izquierda de la mujer también proporciona información sobre lo que sucede. En el código de las constelaciones, generalmente, el hombre está parado a la derecha y a su izquierda está la mujer. Esto tiene que ver con el hecho de quién se está haciendo responsable por la seguridad, no tiene que ver con rangos. Pero si el hombre no está (por enfermedad, por ejemplo) siempre se halla la mujer en este primer lugar y el hombre en el segundo. O cuando hubo destinos particularmente difíciles en la familia de la mujer. Si esto sucede, entonces los hijos están mejor en el círculo de influencia del otro, cuya familia está menos cargada.

Al principio se desalientan movimientos corporales; sin embargo, cuando un representante expresa que en ese lugar no está cómodo, se le invita a decir en cuál lugar cree sentirse mejor, y se hace la prueba. Como es de suponerse, esto tendrá un efecto en las percepciones y los sentimientos de los demás. A veces resulta conveniente dejar a la persona en el nuevo lugar, a veces es mejor regresarla.

La dinámica

En las constelaciones familiares sistémicas (contrario a las constelaciones llamadas "movimiento del alma" que consiste casi exclusivamente de libre movimiento, sin la intervención del constelador), después de un tiempo, el facilitador pregunta a los representantes qué sienten en el lugar que están ocupando. Cada uno lo explica brevemente: sensaciones y síntomas corporales en general, sentimientos y pensamientos.

Hasta aquí, el facilitador cuenta con la siguiente información:

- Lectura corporal del consultante en el grupo y después al tomar su lugar al lado del facilitador.
- Entrevista con el consultante y motivo de consulta presentado (historia oficial).
- Actitud y estado de ánimo al contarla.
- La manera en que coloca a los representantes del problema o del sistema familiar.
- La lectura corporal de los representantes colocados.
- La percepción del ambiente emocional de la primera imagen colocada.
- Cómo se siente cada uno de los representantes en su lugar (cómodo o incómodo).

Conforme se desarrolla la constelación, el facilitador sigue observando la reacción del consultante ante cada cambio dentro de la constelación. También percibe las reacciones del grupo que le sirve de retroalimentación.

Con toda esta información, al facilitador se le presentan diversas líneas de trabajo (más que hipótesis), cuya base se encuentra en su entrenamiento anterior en la teoría sistémica y en constelaciones familiares sistémicas.

Al colocar la imagen interiorizada que la persona tiene de su familia de origen o actual, se ponen de manifiesto los síntomas, las tendencias inconscientes hacia el sufrimiento, la enfermedad y la muerte. Entonces se buscan las dinámicas ocultas (inconscientes) de estas tendencias en la familia actual o de origen, de una manera transgeneracional, es decir, regresando, a veces, hasta a los bisabuelos. Se puede observar la historia de la familia de origen y de la actual, con su orden respectivo, sus jerarquías, mandatos, lealtades invisibles, sus dinámicas de interacción, y vínculos interiorizados, es decir, la estructura familiar inconsciente.

El campo del saber

De acuerdo con Albrecht Mahr, un constelador del primer grupo de Hellinger en Alemania, cuando un grupo de personas se reúne para trabajar con constelaciones familiares se crea un campo de saber en el interior del grupo. Mientras se lleva a cabo una constelación, todo el grupo está observando y se encuentra enfocado en un solo tema. Entonces se activa el campo morfogenético del consultante y todos los presentes participan del círculo del saber. Es en este campo, los que acceden a participar como representantes perciben sentimientos, sensaciones corporales y pensamientos de las personas representadas. Cada uno es alcanzado a un nivel que está más allá del mero razonamiento.

Para Hellinger, en este campo del saber, los representantes en una constelación comparten un campo energético dentro del cual se encuentra el conocimiento sobre los enredos sistémicos de la familia representada, así como la solución. Es impactante observar con qué exactitud y seguridad los representantes en una constelación "saben", corporal y emocionalmente, lo que causa el sufrimiento a los miembros de esta familia desconocida para ellos y dónde se encuentra la solución.

El centro vacío y la resonancia

En el ámbito de una constelación, el facilitador no juzga a nadie. Cada uno es respetado en su manera de ser única y especial. Así, el consultante puede presentar su problemática con toda confianza. No juzgar significa no criticar ni interpretar porque esto no sirve.

El facilitador se encuentra centrado y su visión se amplía para abarcar mucho más. Esto quiere decir que se encuentra en el momento presente observando la totalidad de la imagen que se le presenta con serenidad. De esta manera puede mirar el sistema, sus movimientos y sus enredos. Esta manera de mirar podría decirse que es como ver todo el bosque en vez de enfocarse sólo en el árbol, que es lo que solemos hacer frente a nuestros problemas. Es común que veamos como el caballo, al que le tapan la visión periférica para que no se distraiga. Esto nos impide ver las verdaderas causas de una situación.

El facilitador observa sin hacer nada, o sea, sin tratar de solucionar o de curar o de diagnosticar. Antes de que se le coloque en una constelación, no sabe lo que va a ver y lo acepta. Esto requiere un estado de humildad que le permite observar sin juicio. Ya no ve lo que el consultante presenta como su "problema", pues sabe que se trata de un síntoma de algo oculto en el sistema. Sólo cuando se le presenta el cuadro completo, ampliando su visión hacia el todo, el origen del enredo en el sistema se hace obvio junto con la posibilidad de solución.

En el enfoque fenomenológico, la percepción de los procesos es la que indica al facilitador los pasos a seguir. Éste acompaña al consultante en el momento de la constelación y desde ahí surge una nueva o una diferente solución. Posteriormente se pueden encontrar patrones básicos que se repiten, las redundancias. De ahí también pueden surgir determinadas dinámicas o frases que el facilitador le presenta al consultante o a su representante —y luego espera el efecto—. Lo que haga o no una persona posteriormente, en su vida afuera, con una frase de diagnóstico, de solución o ritualística es su decisión; el facilitador ya no interviene. Sin embargo, toda constelación termina con una posibilidad de un nuevo inicio.

Con cada constelación, el facilitador sigue aprendiendo y así está siempre en el presente con el siguiente consultante, diciéndole lo que ve en ese momento. Por ello, Bert Hellinger habla de la "verdad en movimiento".

El centro vacío es un término que Hellinger utiliza para referirse al efecto de retirarse al centro vacío y desde el cual trabajar, sin intención. Describe la actitud del facilitador en las constelaciones familiares. Él se retira a este centro vacío, deja sus intenciones y está sin temor. La no intención y el no tener miedo posibilitan al facilitador la sintonía, la resonancia con la realidad tal como es sin juzgarla. Él está en resonancia con la felicidad y el infortunio, la inocencia y la culpa, la salud y la enfermedad, la vida y la muerte.

Reconociendo esto y aceptándolo, el facilitador gana fuerza y puede tener la introspección necesaria para enfrentarse a todos los fenómenos, incluyendo "el mal" y —a veces, pero siempre en sintonía con la realidad— transformarlo. De repente, algo alrededor de él se ordena, sin que tenga que actuar. En este centro vacío está conectado y recibe imágenes, imágenes de solución (siempre y cuando esté en la resonancia) y sigue a estas imágenes. Obviamente, también puede haber errores, pero el error se corrige cuando el facilitador observa el eco que sigue al paso que ha tomado anteriormente, sigue la imagen y los efectos que tiene cada intervención, cada movimiento.

Es importante que el facilitador no tenga miedo; de lo contrario, no podrá acompañar a la persona en su constelación. En este aspecto, también es importante la no intencionalidad: no tener el deseo o afán de ayudar. Para todo esto se necesita la humildad que reconoce al consultante tal como es, que reconoce su dificultad, su obstáculo, su responsabilidad, su enfermedad, su grandeza y limitaciones, su lealtad invisible, quizás su enredo sistémico y su destino tal como es.

En las constelaciones del tipo de "movimientos del alma", muy frecuentes en Hellinger, el facilitador prácticamente no interviene y deja que los representantes se muevan "dirigidos por su alma". Estos movimientos son lentos y en silencio. Cuando una persona pretende abandonar el espacio o el escenario, se le llama de vuelta porque "no mirar no ayuda y no hace crecer".

Nadie tiene más fuerza para llevar su destino que la persona que lo lleva. El facilitador solamente lo acompaña y así, acompañado, el consultante desarrolla más fuerza.

La humildad

Humildad es renunciar al lugar superior (usurpado) que se tenía en el sistema y seguir el orden con amor. Nos obliga a reconocer la tierra y a reconocer que, de muchas maneras, formamos parte de una trama terrenal, de algo que nos obliga y nos dirige sin que lo comprendamos.

Sólo cuando encaramos esta realidad tenemos la profunda humildad que nos une con aquello que actúa detrás de todo esto (el destino o la Gran Alma), creando una actitud de confianza de que, al final, ocurrirá algo que tendrá sentido y, mientras, reconocer lo normal y lo corriente.

La humildad nos obliga a ver a todos en un mismo nivel: los inocentes y los culpables (los "buenos" y los "malos"), los vivos y los muertos. Por ejemplo, en el caso de estar frente a una injusticia como puede ser un asesinato, debe mirar las cosas con tranquilidad y evitar aliarse con la víctima. Cuando un facilitador se alía con la víctima está excluyendo al victimario. Si éste es parte del sistema estará empeorando la situación.

En las constelaciones es indispensable la humildad del facilitador para estar ahí sin intención de sanar. Éste reconoce que no es él sino todo el grupo el que está construyendo el "círculo del saber". El facilitador está de acuerdo con lo que se muestra y con el destino del consultante, se encuentra en un lugar de humildad y vacío.

Para Hellinger, los gestos de la humildad no pertenecen a ninguna religión. Una ligera inclinación de la cabeza hacia delante permite que la energía suba por la espalda hacia delante y pueda fluir. De esta manera, haciendo este gesto ante los padres, por ejemplo, se regresa al orden original: los padres son los grandes, los hijos los pequeños. Este ritual restablece también el equilibrio. Esta reverencia no es un acto de sumisión, sino una muestra de respeto que se lleva a cabo con dignidad. Cuando uno se inclina frente a alguien que merece nuestro respeto, el alma y el cuerpo sienten un gran alivio. Es un movimiento tanto del cuerpo como del alma que permite que el amor fluya libremente. Por lo general, este gesto no se hace ante ninguna otra persona solamente ante los padres o los ancestros.

La paz solamente llega con humildad. La guerra y los conflictos surgen ahí donde uno se siente más importante que el otro, que los demás. Hay paz cuando ambos están en el mismo nivel y se encuentran como seres humanos que son iguales pero diferentes.

La percepción, mirar

> Al observar, la mirada se concentra en un foco. El mirar abarca la amplitud, se dirige al todo, sobrepasando lo individual y aquello que se encuentra en un primer plano. Es decir, veo a una persona junto con su familia. Por tanto, cuando alguien configura a su familia, puedo ver inmediatamente si falta una persona o no, ya que mi mirada va más allá de la imagen.
>
> Bert Hellinger

Mirar es mucho más que ver. El facilitador trabaja guiándose por las diversas señales del consultante. Hace esto en dos niveles: primero escuchando a la persona y lo que dice y simultáneamente percibiendo los movimientos casi imperceptibles que realiza, mismos que, muchas veces, contradicen a sus palabras.

Suele haber una diferencia entre el lenguaje digital y el analógico. Observando estas señales, el facilitador incrementa su percepción.

En el mirar hay algo más que ver: hay una introspección. Mirando llegamos a otra profundidad, a un secreto, quizás a la esencia. Si queremos saber algo de una persona, tenemos que trascender el ver y llegar a la mirada. Esto se logra si nuestros sentidos son puros, permeables y abiertos hacia aquello que miramos. En este sentido, la mirada del facilitador en una constelación no está obstaculizada por deseos, intenciones, metas o temores. Mirar solamente lo puede hacer la persona que tiene la paciencia para esperar hasta que lo que se oculta detrás de lo visible se muestre de capa en capa o de paso en paso, y se descubra y abra.

En una constelación, independientemente de las imágenes, temores y esperanzas del consultante, se le conduce a que mire, pues el que mira crece. También el facilitador está mirando y no se deja influenciar por los temores del consultante, pero toma en serio lo que aquél está mirando. Por ello es muy importante que el facilitador insista en que el consultante mire, esta vez no solo, sino acompañado y que, antes de trabajar, haya mirado a su propio sistema familiar y los eventos de la historia de la misma.

Diferentes tipos de sentimientos

En este trabajo diferenciamos entre los diferentes tipos de sentimientos:

Los sentimientos primarios tienen que ver con una situación real: la muerte del padre, la pérdida de la madre, una separación temprana de la madre, la muerte de un hijo o con el amor entre un hombre y una mujer. Por eso su nombre.

Los sentimientos primarios son originarios y siempre son adecuados en la situación en la que se manifiestan. Responden a situaciones reales en el momento presente y desaparecen después de que uno los ha experimentado completamente (surgen, se incrementan, decrecen y terminan). Donde se muestran estos sentimientos no se necesita consolar desde afuera, sería como un estorbo. La persona que experimenta un sentimiento primario está centrada y tiene fuerza. Después de un sentimiento primario, la persona puede actuar.

La situación es diferente con los *sentimientos secundarios*. Su función es defenderse de otros sentimientos y debilitan, sustituyen la acción. Otros se sienten llamados a actuar. Son sentimientos que debilitan y tienden a manipular porque pretenden que el otro haga algo para nosotros. Son una estrategia (consciente e inconsciente) para enmascarar un sentimiento primario que se reprimió y sirven para justificar, no para actuar.

Los sentimientos secundarios se nutren de imágenes internas y experiencias anteriores. No se generan a partir de la situación presente. Son crónicos porque se mantienen y vuelven a aparecer una y otra vez, provocando depresión y desamparo. Estos sentimientos, al prevenir la acción, hacen que el problema se mantenga donde están ellos.

El trabajo con las constelaciones familiares se enfoca en el sentimiento verdadero que pasó antes en algún momento de la vida de la persona. Cuando se presentan, el facilitador le pide a la persona que abra los ojos y que mire algo o a alguien. Con los ojos abiertos, uno ya no puede mantener un sentimiento secundario. Lo raro es que detrás de estos sentimientos secundarios, los primarios a menudo son exactamente lo opuesto, por ejemplo: la ira en lugar de la tristeza. Los sentimientos secundarios solamente se muestran frente a otros, no sirven sin público.

También existen los denominados *sentimientos prestados*. En ocasiones, una persona se adjudica los sentimientos de otra. Hellinger asegura que adquirimos experiencias, estados y misiones de generaciones anteriores como una dinámica fundamental. Esta adquisición es no sólo de sentimientos, sino también de patrones de comportamiento, impulsos y sentimientos. Esto se observa frecuentemente durante las constelaciones, por lo que el trabajo estriba en diferenciar entre los sentimientos propios y los prestados. Estos sentimientos tampoco corresponden a la situación actual. Se manifiestan sin detonador externo y nos debilitan porque no nos pertenecen. No se solucionan con ningún tratamiento que no incluya la situación que lo originó. Se originan en el sistema familiar y provienen del contexto de otra persona, respondiendo a una lealtad ciega que dice: "Lo hago por ti" o "yo como tú". Estos sentimientos, paradójicamente, también generan enojo porque no tienen ningún sentido en la vida de quien los padece.

Cuando una persona está atrapada en un enredo sistémico, muestra emociones fuertes o un comportamiento que no se explica por su situación actual, por ejemplo: cuando alguien actúa como si estuviera obsesionado por miedos ajenos o tiene sentimientos de tristeza que no son comprensibles. En una constelación, cuando la persona que ha estado identificada con la suerte de un miembro anterior se da cuenta de lo que está pasando, se coloca delante de él o ella, mirándola con sus ojos, con los ojos de su corazón y los ojos de su alma, y le da un lugar en su corazón. Entonces su identificación desaparece porque se crea una relación entre dos. El que estaba excluido ahora es aceptado y respetado. Con esto se recupera el equilibrio y el otro se convierte en una fuente de fuerza, recupera su derecho de pertenencia y nos bendice. Cuando concedemos a los excluidos un lugar en nuestro corazón y estamos en paz con ellos, nos sentimos completos.

Otro tipo son los *metasentimientos*, llenos de fuerza, valor, serenidad, alegría y sabiduría. Esta clase de sentimientos se dirige no únicamente a personas, sino también a conceptos o elementos, entre ellos la naturaleza, la belleza, el Sol, Dios y el universo, por mencionar algunos.

La imagen final representa la de solución. Ésta es una imagen a la que se llega a través del paulatino proceso de cambio de sus lugares que ocupan las personas representadas dentro del sistema familiar, o sea, dentro de la estructura familiar que se está representando. Es una nueva imagen, es sanadora o puede ser del futuro del sistema que libera. Corresponde al orden en el amor. En ésta cada miembro del clan ocupa el "buen lugar" que le corresponde y reporta que se siente mejor.

Al observar la constelación, el consultante se convierte en testigo de sí mismo. Puede observarse desde afuera en sus relaciones y su quehacer, dejando de sentirse arrastrado hacia un acontecer incomprensible.

En una constelación, se ve claramente que el problema presentado por el consultante es un intento de solución mantenido por el amor. La solución siempre se encuentra por medio del mismo amor. Partiendo de la primera percepción del conflicto del protagonista, el facilitador introduce una nueva visión, pero siempre reconociendo el amor primario del niño hacia otra persona de su clan, en particular a los olvidados, excluidos o a los que han sufrido vidas difíciles. Se ordena aquello que estaba enredado y se abren nuevas posibilidades. Esto se logra gracias a que se tocan niveles más profundos de lo que se presenta a primera vista, llegando a un reetiquetamiento de las conductas anteriores y a la construcción de una nueva narrativa de la situación o del sistema familiar.

Esta imagen de solución, al ser recibida por el protagonista de la constelación familiar, permite que obre dentro de él, teniendo una influencia liberadora sobre sus sentimientos y sus acciones y, por ende, sobre el sistema total al cual pertenece con referencia a las jerarquías, subsistemas, primogenituras y méritos. Cuando después ocupa su propio lugar, sus imágenes internas y sus emociones se relacionan con el nuevo sitio que ocupa en el espacio del sistema y esto se imprime en su memoria corporal. La constelación de "solución" permite reintroyectar una nueva imagen, otra historia que se interioriza desde lo verbal y lo corporal. Esta parte del trabajo, Hellinger la tomó del que considera su maestro: Milton Erikson.

Para resumir, la primera imagen generalmente muestra la dinámica oculta (o inconsciente) dentro de la familia. Esta imagen ayuda al facilitador a llevar la dinámica no vista anteriormente a la luz. Puede observar esta imagen de la cual surgen los caminos hacia una mejor solución, y puede pedir que se lleven a cabo, uno por uno, los movimientos hacia una mejor solución, siempre pidiendo retroalimentación de parte de los representantes y los consultantes mismos en los lugares que están ocupando.

Generalmente, tanto los representantes de los miembros de la familia como posteriormente los consultantes, cuando ocupan sus lugares, manifiestan sentirse mejor, sentirse bien en sus (nuevos) lugares y en este nuevo orden en la familia.

Un instrumento de diagnóstico sistémico como las constelaciones familiares puede ser aprovechado para explorar la profundidad del inconsciente familiar, develando la estructura familiar inconsciente. Reconocer la propia matriz familiar disfuncional y reinvestirla emocionalmente, es darle una significación móvil. Esto facilita introducir cambios para acceder a otra estructura familiar u otra narrativa de mayor complejidad, que se puede introyectar a través de una nueva imagen. Así, se edita lo inconsciente para abrir el pasaje a una nueva narrativa que permite acceder a la comprensión y al proceso de elaboración respecto a la trama latente, especialmente a los duelos congelados que impiden ocupar a cada quien el buen lugar que le corresponde en su sistema familiar.

Frases de solución

Como parte del reordenamiento que se lleva a cabo en una constelación se utilizan rituales y frases de solución. El consultante es guiado por medio de éstas hacia sus sentimientos. Éstas transmiten una descripción positiva de los síntomas y las dinámicas y, al pronunciarlas, la persona se aproxima a la solución y a un cambio.

En el caso de un consultante que ha rechazado a su padre o madre, se le pide que se dirija al progenitor y le diga: "Tomo la vida que me diste. La agradezco y la recibo con todo el precio que te costó y con todo el que me ha costado a mí. La tomo con todo lo que viene con ella, con sus limitaciones y oportunidades". La aceptación de nuestros padres como son es un movimiento profundo que implica que estamos de acuerdo con la vida tal como ellos nos la dieron. Cuando decimos esta frase con autenticidad, estamos reconociendo la vida como es y a nuestros padres como son. Entonces el corazón se abre y nos sentimos completos y en paz.

Hay frases específicas que ayudan a deshacer una identificación, como: "Te reconozco y te honro como mi abuela, pero tú eres tú y yo soy yo. Tú tienes tu destino y yo tengo el mío."

Al final, se puede utilizar la frase: "Confío en la fuerza que te guía y me guía". Aquí se está reconociendo la pertenencia de ambas a algo más grande.

Cuando todos en la constelación se han colocado en un buen lugar y las frases de solución se han presentado, la imagen de solución está completa. Ya solamente se le pide al consultante que la mire para que la interiorice.

Después de ver la imagen de solución, el consultante ya no tiene que hacer nada más que interiorizarla y simplemente seguir con la propia vida. Después de un tiempo, ésta hará efecto y la dinámica anterior llegará a su fin. Aquí, no hacer nada significa que, después de una constelación, el consultante no tiene que hacer un intento para que alguien más en su sistema cambie, ni decirle a otro que debe ocupar otro lugar. En cambio se dará gracias a esta imagen fortalecedora interiorizada y nada más, pues con el tiempo, sustituye a la imagen problemática original.

El consultante, al encontrar la solución y el orden en su sistema familiar, lo hace para todo el sistema por lo cual se verán beneficiados todos sus miembros, especialmente los que llegaron o llegarán después. Éstos ya no se verán jalados por el enredo sistémico que se ha liberado. Cuando uno pone en orden su sistema interior, el hecho repercute en los demás miembros aunque no se les diga nada; recordemos que todos los miembros de un sistema están conectados. el efecto de las imágenes interiores y de "no actuar" en un sistema es asombroso, ya que cambia la dinámica de todo el conjunto.

En el trabajo con constelaciones familiares no se utiliza mucho la retroalimentación después de una constelación. El impacto de la intervención se puede o no observar enseguida. Al fin y al cabo no se pretende la cura mágica, sino unir a la persona con su familia para que obtenga de esta reconciliación todas las fuerzas que necesita. En caso de síntomas graves, el facilitador siempre recomienda que el consultante visite al médico o psiquiatra.

El facilitador tampoco pregunta a la persona, en caso de verla otra vez, porque se considera que se interpondría entre él y su alma, entre él y su destino. Tampoco debe interponerse entre él y la "Gran Alma" que lo guía. El trabajo del facilitador es ponerse en sintonía con el consultante, reconociendolo tal como es, con su sufrimiento, su grandeza y su destino para que sus fuerzas sanadoras puedan trabajar sin intromisión.

El beneficio se extiende

Cuando se trabaja en una constelación, se trabaja para todos los presentes. Aun cuando una persona no haya participado como consultante o representante, el hecho de estar presente la hace partícipe del círculo del saber. Cuando esto sucede, algo se soluciona.

Adicionalmente, quien entra en contacto con los conceptos de los órdenes del amor y la importancia que tienen en las familias, tendrá cuidado en adelante de no excluir a nadie por ningún motivo.

4

Temas que se trabajan en las constelaciones

Mirar significa crecer,
no mirar significa no crecer.

En realidad, no hay un límite para la cantidad de asuntos que pueden trabajarse en una constelación. Lo que hay son personas con problemas similares. Los temas que presentamos aquí son los que se nos presentan en los talleres una y otra vez. Sin embargo, cabe aclarar que no hay dos seres humanos con vidas ni familias iguales. En constelaciones no podemos generalizar. No importa qué tan parecido sea una situación a otra ya trabajada, lo que un facilitador siempre sabe es que no tiene idea de lo que va a surgir a la luz en una constelación.

Pareciera que a todos nos hubiera tocado una suerte diferente. Muchas veces uno no puede explicarse por qué su vida está a merced de desgracias aparentemente fuera de control. Pérdidas, sufrimiento, enfermedades, fracasos y tragedias se repiten una y otra vez en la vida de una persona o de una familia. En constelaciones vemos que no es cuestión de suerte, sino todo tiene una causa y ahí donde ésta se encuentra está también la posibilidad de solución. Para esto, uno tiene que estar dispuesto a mirar.

En una conferencia que dio Bert Hellinger en el Castillo de Chapultepec, explicó que todo lo que ha sucedido alguna vez en una pareja, en una familia, en una comunidad o en una nación, queda como energía en el sistema.

Mucha gente no sabe conscientemente lo que ocurrió en el pasado ni conoce la historia de muchos personajes en su sistema familiar. La mayoría de nosotros sabemos poco más allá de la segunda o tercera generación. Hay personas que ignoran hasta los nombres de sus abuelos. Cuando no hay mucha información, se coloca a la familia para ver qué se muestra. Tampoco necesitamos conocer los detalles morbosos de los eventos pasados: la constelación lo va a mostrar. Por eso las constelaciones son una valiosa herramienta de diagnóstico. Tal como una persona coloca a su familia es como ésta se encuentra en su inconsciente.

Repetimos: todos los eventos quedan grabados en al alma de una familia. Hay familias en las cuales se queda el suicidio y otras en las que se queda la enfermedad. Hay familias en las que se queda la energía del despojo y otras en las cuales se queda la energía de la violencia. Lo asombroso es que algunos de sus integrantes van a encontrar una pareja que en su propio sistema va a tener esa misma energía. Van a encajar sistémicamente y van a manifestar esta violencia porque viene de varias generaciones atrás y ya tiene que sanarse. Es como si el sistema familiar empujara para que, desde las generaciones de atrás, se empezara a sanar. Hoy en día en las cafeterías hay una buena cantidad de libros de apoyo y superación personal. Hay en realidad tantas herramientas de sanación y de reflexión que pareciera que es ya el momento de sanar. Ahora tenemos las herramientas para acomodar aquellos eventos traumáticos del pasado y trabajarlos. En este sentido, las dos familias se necesitan. En constelaciones, lo que para muchos es un problema es en realidad un síntoma de algo que quiere sanarse en el sistema. El síntoma tiene un lenguaje y la constelación puede mostrar hacia dónde apunta y entonces se puede acomodar. Aquí es donde las constelaciones cumplen una función preventiva. Uno de los objetivos en constelaciones es abrir la mente a otras soluciones.

Violencia intrafamiliar

El tema es muy polémico pero la violencia tiene un enfoque muy diferente desde un punto de vista sistémico. En una constelación, es asombroso ver cómo la violencia intrafamiliar es una coconstrucción de dos sistemas familiares. En la familia de uno de los cónyuges quedó un determinado tipo de violencia y en la familia de su pareja quedó otro tipo, pero violencia al fin y al cabo. Estos dos se van a encontrar y la van a manifestar en su relación. Es importante empezar a percibir la violencia familiar como una coconstrucción sistémica porque, si la vemos solamente a nivel individual, siempre queda uno de los dos como perpetrador, generalmente el hombre por su mayor fuerza física, y excluimos aún más a los hombres, y la otra parte como víctima, generalmente la mujer. Esto va a tener un impacto sobre los hijos, sobre el sistema familiar y sobre el sistema social.

Una mujer que vino a constelar se acababa de separar de su pareja por violencia intrafamiliar. Ella decía ser la víctima y trabajamos a su familia. Lo que surgió fue que en esa familia, en la que eran seis, había sólo tres hermanos sobrevivientes, entre ellos esta mujer. Un hermano había muerto muy pequeño, otro muerto en la adolescencia en un accidente de motocicleta y otro muerto a los veinte años también en forma traumática. Los colocamos a todos, muertos y vivos, y parecían aislados todos, como islas; no había conexión entre ellos. El padre estaba muy apartado, como si estos hijos varones no le importaran, y la representante de la madre estaba frente a los tres hijos muertos y se sentía sola y abandonada por su pareja. Poco a poco se le crisparon las manos, que se cerraron en puños. Al preguntarle qué le estaba pasando, ella dijo: "Tengo ganas de matar a mi esposo porque no me acompaña en mi duelo". No pudimos meternos en la familia de él, que era el complemento activo de la violencia, porque no estaba presente, pero era claro que en la familia de ella se había quedado una energía de violencia. La hija se encontró con un hombre violento y los dos manifiestan su vida en la violencia misma que, en última instancia, fue la que juntó a dos familias y la llevó a ella a buscar ayuda.

Incapacidad para las relaciones

Una pareja puede ser muy funcional en la vida cotidiana, pero, cuando hace una constelación, se ve que no están conectados. Sistémicamente todas las parejas van a tener conflictos; es parte del vínculo entre dos personas diferentes. Lo mismo sucede en la relación con la madre, el padre, algún hermano y también con los hijos. El conflicto pertenece a cualquier relación profunda o fuerte. Lo que puede distinguir a una relación de otra es la frecuencia de los conflictos y su intensidad (qué tan violentos llegan a ser).

Cuando una persona no se puede relacionar con otra, en una constelación se puede ver en dónde sí está relacionada porque todo ser humano se vincula, aun cuando no sea con la pareja. Cuando alguien no se vincula con otro de una manera significativamente profunda, es porque está vinculado con otra persona de una manera significativa. La constelación nos va mostrar con quién está vinculada, puede ser con su padre o su madre, o bien con un hermano muerto, con un abuelo o una abuela que hayan tenido un destino difícil. Cuando su lealtad se dirige a esa otra persona, no tiene energía suficiente para vincularse con una pareja de manera significativa sino más bien funcional. Pueden estar casados y criar a los hijos. Los demás pueden decir que es una buena pareja con una buena familia porque funcionan, pero en una constelación sale a la luz que su profunda vinculación significativa está en otro lado, lo cual les va a crear conflictos y sufrimiento. Su pareja va a sentir que el otro no está con ella al 100% como hombre o como mujer. Lo siente ausente y distante. La relación de pareja es el vínculo de mayor profundidad, no es biológico como con los hijos, es un vínculo elegido. Los dos tienen mucha intuición acerca de lo que le pasa al otro. Esto también lo sienten los hijos.

Uno de los dos se da cuenta de que su pareja no está bien "aterrizada", parada, a su lado, sino que su vínculo profundo está con alguien de su familia de origen o de su sistema actual, por ejemplo: un muerto o un excluido.

En la constelación de un joven salió que su padre jubilado fue un militar de alto rango. Este muchacho eligió la profesión de artista para fastidiar a su padre quien quería que se dedicara a otra cosa. En la constelación, el joven se derrumbó ante el representante del padre, quien empezó a tener un rictus de soberbia y arrogancia y miraba al hijo de arriba hacia abajo con rigidez. El representante del hijo se convirtió en un niño de cinco o seis años. Cuando el consultante se paró a su lado, empezó a llorar y quejarse de todo lo que había sufrido por las imposiciones, limitaciones y restricciones de que fue sujeto por parte de su padre, quien trajo al hogar todo lo militar. Durante este proceso, el representante del hijo se levantó y se pudo quedar parado frente al padre. Sin embargo, el consultante no podía levantarse de ahí y mirar de frente al representante del padre. Como el representante del consultante se había fortalecido, se pidió que se pusiera al lado del consultante para darle fuerza. Se había convertido en su propia versión "avanzada", un hombre que podría pararse erguido frente a su padre. Después de un tiempo, el consultante pudo levantarse y pudo decirle al padre que, al fin y al cabo, él no había sucumbido a su padre, ni había muerto, ni se había suicidado ni pervertido, sino que vivía una vida ordenada y funcional y era artista. Con ayuda del representante, quien fue clasificado como su "versión avanzada", al principio ganó fuerza pero compartió que necesitaba siempre la aprobación de su padre (quien probablemente nunca se la iba a dar). Manifestaba que nunca se sentía suficiente. Nunca podía dar crédito a sus méritos. Había una desconexión en la cotidianidad en la manera como se relacionaban, mientras que, en lo profundo, estaba profundamente conectado con el padre, pero como desde una edad interna de cinco o seis años. En este caso, el hijo no pudo aún acercarse a su padre en esta constelación, pero había dado un paso muy grande al haber sido capaz de levantarse, estar frente a su padre y mirarlo a los ojos al final sin derrumbarse.

Cuando una persona se encuentra en este punto hay dos caminos: crecer o sucumbir, cambiar o no cambiar. Si el joven sucumbe, si no logra resolver esto de una manera amorosa, no va a ser un hombre que se pueda vincular plenamente. Su otra opción es que le diga a su padre: "Gracias por la vida, gracias por todo lo que me has dado, que fue mucho. No todo me gustó y ahora haré las cosas a mi manera; algo te gustará, otras cosas no." Entonces se habrá convertido por fin en un adulto. Por eso un adulto es un hijo grande, un poco desobediente.

En las constelaciones es muy importante reconocer que la decisión de crecer o no, de cambiar o no, de soltar o no, es completamente del consultante. No hay imposición. No se ordena: "Tienes que abrazar a tu padre o tienes que hacer esto otro". Eso sería violentar al consultante, quien es el único que sabe si está listo o aún no. El facilitador está de acuerdo con la decisión del consultante.

Equilibrio en la pareja

La relación de pareja no puede funcionar, por mucho que se amen, si no hay un equilibrio en lo que se da y lo que se recibe, lo cual es parte del orden del amor.

En una ocasión se presentó una mujer con madre extranjera y padre mexicano que se habían divorciado. Dejó de ver a su madre desde pequeña y no sabía nada de ella. Ella se quedó con su padre y ahora era muy adinerada. Traía a su nuevo novio, quien no tenía recursos económicos. Era extranjero, en este sentido algo vulnerable. No había equilibrio: ella tenía el dinero y, por ende, el poder. La sugerencia para ella fue que encontraran el equilibrio entre los dos para que ella lo viera como a un igual. Unos meses después, ella se comunicó para relatar que este novio, que era un genio de la computadora, había estado indagando hasta que logró localizar en Londres a su madre, de quien ella había perdido todas las pistas. Este regalo tan grande equilibró entonces la relación.

Divorcio

Hemos observado que muchas de las parejas que se divorcian todavía se aman al hacerlo, o sea se divorcian a pesar de sus sentimientos. Uno de los motivos porque lo hacen puede ser el orgullo, por ejemplo: ante una infidelidad abandonan el campo en lugar de crecer con esta crisis. También con frecuencia vemos que cuando uno de los progenitores de alguno de los dos muere, durante el siguiente año hay una fuerte tendencia a divorciarse porque el hijo, la hija, inconscientemente muchas veces quiere seguir a su progenitor a la muerte. Se divorcian porque al querer irse tras la madre o el padre muerto estarán libres, nada los ata a esta vida, ni siquiera el amor a una pareja. También muchos empiezan a tener fracasos en sus negocios y sus trabajos porque inconscientemente están rompiendo vínculos para poder irse.

Lo que trabajamos en constelaciones es, si se da el divorcio, que sea una buena separación, lo cual significa cerrar ciclos, mirar al otro por última vez como pareja, reconocer lo que vivieron como pareja y agradecer. Se honra a la otra persona y así uno integra esos años con los que creció.

En muchas dinámicas en las que una madre o un padre están yéndose inconscientemente a la muerte detrás de uno de sus progenitores, no están viendo a sus hijos. Esto se ve claramente en una constelación y con frecuencia el jalón inconsciente del amor ciego es tan fuerte que no pueden mirar ni a la pareja ni a los hijos.

En un taller de dos días, una mujer llegó y se vio que no pudo mirar a su hija de tres años en la primera constelación porque estaba jalada por su padre muerto, al cual no dejó de mirar. Al día siguiente, después de que en la noche el alma acomodara cosas, retomamos esta constelación. La colocamos tal como la habíamos dejado: ella seguía en la misma posición de querer irse detrás del padre y en lugar de su madre, pero poco a poco se calmó y por primera vez pudo mirar a su hija. De ahí pudo levantarse del piso donde estaba el representante del padre e irse con su hija.

Todo duelo debe durar uno o dos años, pero no más.

En una situación así, colocar a los hijos siempre tiene un efecto porque se trata de una realidad en el presente que nadie está inventando, es un hecho.

Por ejemplo, al trabajar con hijos de padres que anularon su matrimonio ante la Iglesia, vemos que esto siempre los afecta profundamente. Suelen decir: "¿Quiénes somos nosotros cuando nuestros padres anularon el matrimonio?" En un divorcio se entiende que los dos estuvieron casados y después se separaron; en una anulación se da a entender que el matrimonio jamás existió. Esto es muy fuerte para los hijos y es vivido como una amenaza existencial.

Mucha gente viene diciendo: "Quiero saber si me divorcio o no". Pero un constelador ni divorcia ni junta a ninguna pareja. Entonces reformulamos la pregunta: ¡Qué fuerzas podrían estarnos separando de mi lado?" Al colocar la constelación, muchas veces se ve que todavía no es el momento de dar ese paso porque antes hay que aclarar muchas cosas. No fomentamos los divorcios, pero tampoco trabajamos a favor de que se queden juntos. Solamente mostramos la dinámica oculta que se encuentra atrás de la superficie.

Aquellos que se embarcan en divorcios destructivos en los que se dedican a destruirse uno al otro, meterlo a la cárcel y dejarlo desposeído, los acompañamos a reconocer lo que sí habían compartido, a agradecerlo, a tomar su parte de la responsabilidad, y a sacar a sus hijos de en medio de ellos para poderlos mirar y cuidar en primer lugar. Quienes más sufren son los hijos porque, al estar los padres tan enfocados a destruirse mutuamente, no los están mirando realmente. La constelación muestra el impacto que esta guerra tiene sobre los hijos y que el o la consultante lo observe ayuda a actuar de otra manera.

En las constelaciones de un divorcio se ve que los hijos necesitan a los dos progenitores en su corazón. Es importante llegar a un acuerdo, con el fin de que ninguno de los progenitores intente quitarles a los hijos a su otro progenitor y, por ende, todo este linaje que son sus raíces.

Pérdida de un progenitor en la infancia

La implicación y las consecuencias de la muerte de uno de los padres en la infancia es grave. Hemos visto que estos hijos no lo pueden superar. Lo único que uno puede hacer es ayudarles a vivir con esta pérdida. Aquí la palabra "superar" no se aplica sino a aprender a "vivir con" una pérdida tal. En la constelación se les muestra que este progenitor está con ellos. Se les ayuda a ver que ellos son su padre y su madre y que esa esencia siempre está con ellos. Cada uno de nosotros somos 50% nuestra madre y 50% nuestro padre. A veces se les sugiere que se miren al espejo y reconozcan todas las cosas en las que se parecen a su padre vivo y encuentren, en todo aquello en lo que no lo reconocen al otro progenitor muerto. Una tarea podría ser que armen después un cofre, como una caja de tesoro con la parafernalia y fotos del difunto. Se les sugiere también que visiten el lugar de nacimiento de ese progenitor, que conozcan a su familia y que visiten su tumba.

Cuando el progenitor ha desaparecido, por los motivos que fueran, y los hijos no saben dónde está, muchas veces empiezan a buscarlo después de que lo han incluido e integrado en una constelación. A veces suceden cosas increíbles. En el caso de una consultante, su madre se había separado de su padre y se casó otra vez con un buen hombre. En la constelación se vio que le faltaba su padre biológico, cuyo paradero ignoraba. Un año después llamó para decir: "Encontré a mi padre". Relató que primero le habían dicho que estaba en Veracruz. Se fue a peinar el estado y no lo encontró. De ahí la mandaron a Mazatlán y de ahí a Acapulco, donde finalmente lo encontró. Se presentó en la casa donde el señor vivía con su familia y le abrió una mujer. Preguntó por él diciendo que era una amiga de la familia que quería hablar con él. ¿La mujer le dijo que era su papá, pero que se encontraba enfermo. Ella regresó como dos semanas después y ya pudo verlo. Cuando le dijo que era su hija, él la presentó a toda la familia, quien le dio una buena acogida y un gran recibimiento como la hija perdida.

Lo que con frecuencia vemos es que, después de una constelación en la que se da un encuentro amoroso con el padre o la madre ausente, después los encuentran y tienen un buen final; sin embargo, no hay garantías ni se hacen promesas.

Durante un curso de constelaciones, una participante vio de repente, entre la multitud, a una mujer y le dijo: "Tú eres fulana de tal". La otra le contestó que no, que se llamaba de otra manera, pero ella insistió con toda seguridad en que sí era quien ella decía. Los padres de las dos eran hermanos y uno de ellos había matado a otro hermano y después huyó y desapareció con toda su familia; por eso se había cambiado el nombre. Después ya no se habían visto y se encontraron en medio de un contexto de constelaciones. En lo más profundo, el alma de una familia siempre busca la reconciliación.

Hijos adoptados

Hemos visto que los hijos adoptados llevan adentro una gran ira. Hay dos situaciones: unos a los que no les han dicho que son adoptados y los que lo saben. Los primeros, en el momento en que se enteran, se conectan con un enojo profundo. Un hombre, a los 25 años, se enteró de que había sido adoptado, de que en realidad los que habían sido sus padres eran sus abuelos y sus hermanos eran sus tíos, excepto uno de ellos, que era su papá. Poco a poco se calmó y relató su historia junto con su profundo sentir de haber sido traicionado por todos.

Los hijos que no saben que son adoptados en cierta manera sí lo saben. Siempre hay evidencias, como la falta de alguna fotografía de su mamá embarazada. No lo saben pero lo intuyen y sus conductas lo demuestran. Muchas veces son agresivos hacia sus padres de crianza porque tienen dos enojos: el de haber sido dado en adopción y el de que no se le dijo la verdad. El alma lo sabe y se sienten traicionados.

Los padres de crianza no deberían tener tanto miedo. La nueva familia del hijo adoptado es la familia de crianza. Los padres biológicos lo perdieron. Bert Hellinger lo equipara a un aborto. No toda adopción es una buena adopción. Muchas parejas que adoptan quieren llenar el vacío de un hermanito o hermanita, o de un bebé perdido, o están obsesionados con la maternidad o la paternidad. Se trata de un acto completamente egoísta. Donde hay una adopción de este tipo no tiene prioridad la pareja conyugal y alguien del sistema se va a ir (puede ser el marido) y también pone en riesgo a alguno de los hijos biológicos que vienen después. Es frecuente que parejas que no pueden concebir adoptan y luego conciben. En esta situación, se ha visto en constelaciones que los hijos biológicos, aunque hayan nacido después, tienen la prioridad en el orden familiar. La sangre es más fuerte. Esto no tiene nada que ver con el amor sino con el orden del sistema. El orden no impide el amor; al contrario, cuando hay orden y están todos en su buen lugar, el amor puede fluir mejor.

Infertilidad

Para las constelaciones, la ciencia está al servicio de la fertilidad en una pareja. Esto está bien siempre que se trate del óvulo y el esperma de la misma pareja, así no hay implicaciones. Sin embargo, cuando se trata de un óvulo o esperma donados, o ambos, hemos visto en la constelación implicaciones que llevan a situaciones destructivas en las que esos niños se quieren morir. Algo perciben de no haber nacido desde el amor y la vinculación de los padres, sino desde el ego y la obsesión, la compulsión por la maternidad o la paternidad.

Aborto

El aborto conlleva una carga muy importante en la pareja. Ambos tienen que tomar esta almita del niño abortado en el corazón. Bert recomienda pasearlo por un tiempo en el corazón y luego dejarlo ir. Hay que llevarlo en el corazón junto con los demás hijos aunque no esté vivo. Éste es un tema complejo porque hemos visto que los otros hijos generalmente lo saben sin saber, lo intuyen; entonces vienen dificultades con primogenituras y confusión acerca de quién es el primero.

Discapacidad

Cuando una persona incapacitada se casa con otra sin discapacidad se crea un desequilibrio, lo cual no es recomendable. Es mejor que se case con alguien que tenga también alguna discapacidad; entonces estará compensada. De otra manera se crea un desequilibrio tremendo y, con el tiempo, uno de los dos se va a cansar de dar de más o de tomar de más.

Padres delincuentes

Cuando el padre es un delincuente, en una constelación llevamos al hijo a mirar a su padre porque éste se halla excluido por la sociedad al encontrarse encerrado en un reclusorio. Generalmente también está excluido del discurso de la familia, se vuelve un secreto, una vergüenza. En la constelación llevamos al hijo a que vea a su padre como dador de la vida. Por un lado toma de él la vida y por otro le deja sus fechorías, sus acciones y actos. Esto significa que se toma al padre no en sus características ni en su personalidad ni en sus defectos y errores, sino en su esencia. La esencia es "sin él no estarías en la vida" y esto se reconoce y se honra.

Incesto

Cuando se hacen constelaciones con casos de incesto, hemos visto tanto amor que no damos crédito. Las constelaciones nos han llevado a cambiar muchos juicios, entre ellos el que se refiere al incesto. En muchas ocasiones se ve que el incesto se lleva a cabo para mantener a uno de los dos en la vida. Esta intimidad en las relaciones sexuales es *eros*, la fuerza de la vida. Niños que han vivido la guerra o mucho caos alrededor, a veces tienden a masturbarse muy temprano o tener relaciones o juegos sexuales muy temprano, porque así se conectan con el placer y la vida.

Una mujer que acudió a un taller nos dijo que desde los 15 años tomaba antidepresivos. También relató que en la infancia, ella había tenido relaciones sexuales continuas con su hermano. Al colocar a la familia en la constelación, vimos que se trataba de una familia en la cual los miembros se encontraban aislados. Cada uno estaba por separado y tanto el padre como la madre miraban hacia fuera, señalando que se iban detrás de uno de sus progenitores. El hermano a su vez parecía querer irse detrás de sus padres en la dinámica: "me iré en su lugar". Ella había puesto a su propio representante al lado del hermano. La diferencia de edad era grande, así que ameritaba el término de violación, pero fue impresionante el amor entre los dos, cómo se miraban. Eran los únicos conectados y se pudo ver que ella trataba de retener a su hermano en la vida, para que no se fuera detrás o en lugar de sus padres. Mutuamente se conectaban con la vida a través de eros. Le regresamos al hermano mayor su responsabilidad de los hechos. Al día siguiente ella apareció resplandeciente y dijo: "Hoy mi marido me dijo que me veía muy bonita y que algo había cambiado porque, por primera vez, lo había saludado bien en la mañana".

Salud

En el caso de enfermedades genéticas y congénitas, la línea de trabajo es en el sentido de llevar a la persona y a la familia a aceptar su enfermedad y su destino. Hay que aclarar que el constelador no es un médico ni un mago. Muchas personas llegan como queriendo la magia. La responsabilidad de un facilitador con experiencia es no responder a este anhelo aunque quisiera, porque todos tenemos este afán de ayudar.

La enfermedad terminal es la que va a llevar a la persona a la muerte. Una vez tuvimos a una señora de 86 años. La familia la envió porque le habían detectado cáncer, pero ella no lo sabía. Su marido tenía 91 años y llevaban 70 de matrimonio. Trabajamos con ella sus logros y cómo había sido su vida. Conforme íbamos poniendo un representante por cada logro, se iluminaba su cara y se llenó de una gran satisfacción al recordar. Al final la pusimos frente a todo eso para que lo mirara. Después le preguntamos cómo se sentía con todo eso que había sido su vida y ella dijo: "Estoy en paz". Ahí lo dejamos, porque con esa paz se va a poder enfrentar mejor a la enfermedad y a su final.

Hay muchas otras enfermedades que con frecuencia se deben a enredos sistémicos de hasta cuatro generaciones. Una señora rubia de ojos azules reporta cuatro generaciones de cáncer. La bisabuela tuvo cáncer de hígado, el abuelo cáncer de estómago, la madre cáncer de huesos, sus dos hermanas cáncer de seno y ella ya tenía bultos en el seno. Al colocar a la familia resultó que la bisabuela era heredera de una fortuna. No era muy guapa y ya tenía como 28 años, edad en la que en su época se consideraba que ya estaba "quedada". El padre era hacendado y tenía fincas azucareras. Vino este hombre rubio de ojo azul de Europa, empieza a trabajar para el padre y la familia ve una buena oportunidad para casar a la hija. Los casan y la relación estaba muy desequilibrada porque todo el poder estaba del lado de ella. Tuvieron varios hijos y todo parecía ir bien hasta que la señora descubrió al marido en una infidelidad. Ella les dijo a todos los hijos y los conocidos: "A partir de hoy este hombre ya no existe" y lo sacó de su casa y de los negocios. Después ella murió de un cáncer de hígado. Obviamente, el bisabuelo estaba excluido. La bisnieta, en la constelación, reconoció que sin él, ella no existiría (ni tendría el cabello rubio ni los ojos azules). Hizo un ritual de volver a mirar al bisabuelo y agradecerle la vida y honrarlo. Ahí se dejó la constelación. Semanas después ella llamó para decir que había una remisión de los bultos y que no eran malignos.

La medicina ortodoxa reporta que, cuando se dan estos casos que se repiten por generaciones, se trata de un factor hereditario. Sí, pero es una herencia diferente, una herencia del campo de resonancia manifestándose como un enredo sistémico. Las constelaciones muestran estas dinámicas ocultas sin dar garantías ni promesas para la cura. El facilitador tiene que dejar esto bien claro: que nuestro lugar no es el de sanar sino el de mostrar las dinámicas ocultas y dejar al consultante en ese punto donde él decide hacia dónde va. A veces gana la lealtad porque la conciencia está más tranquila al sentirse en la inocencia y no hay cambios, porque el cambio implica que hay que cambiar, lo cual requiere esfuerzo y es menos cómodo.

Testimonio

A partir de mi participación semanal en constelaciones, mi vida ha cambiado totalmente. Me encuentro más contenta y tranquila. Ahora que tengo 60 años y que una enfermedad respiratoria me ha obligado a enfrentarme conmigo misma, lamento el no haber tomado la terapia muchos años antes. Hubiera enfrentado la vida con mucho más conocimiento de mis posibilidades reales, con más valor y seguridad. Sin embargo, las cosas tienen su momento y el mío llegó ahora.

Llegué a consulta sintiendo una gran ausencia de sentido por la vida y pensando que mi siguiente paso sería la muerte, como consecuencia del EPOC o provocada por mí, no lo sé bien. Llegué con una depresión mayor.

Después de mis psicoterapias y constelaciones familiares, mi vida —la que me queda, mucha o poca— la veo con tranquilidad y más ubicación porque situaciones del pasado se han aclarado en mi conciencia, percibiendo más claramente el nivel de mi responsabilidad en los hechos sucedidos. Como consecuencia, se aclara mi presente.

Las constelaciones familiares me han permitido, en un tiempo breve, comprender el para qué de aquello que me provocó dolor y sufrimiento, así como entender a aquellos que en un momento dado yo sentí como "verdugos".

Las constelaciones familiares me han permitido abandonar el estado de confusión y me embargan la paz y la aceptación. Les agradezco profundamente el que sienta mi alma más ligera. Gracias.

Culpa

Cuando el consultante llega a constelar, generalmente se pone en un lugar donde pide compasión por su historia. Lo que hacemos es llevarlo a tener compasión con su sistema familiar. El facilitador se muestra empático, pero no se engancha con el sentimiento de compasión. Uno se da cuenta de que, como niño, esta persona tal vez sí fue una víctima, aunque, en última instancia, Hellinger dice que ninguno somos realmente víctimas porque nacemos en el seno de la familia que nos toca. De cualquier modo, los niños siempre pueden estar muy expuestos ante los mayores y convertirse fácilmente en víctimas.

Trabajar una culpa no significa una justificación de los actos que dañan a otros. Una constelación "explica" el origen de las dinámicas ocultas. Cuando algo se nos explica podemos comprender aquello que antes era confuso y esto brinda alivio.

Cuando un consultante ve al representante de su padre con una situación repetida, parecida a su propia queja, es como si alguna tensión se bajara y se pueden conectar nuevamente.

Como dijimos antes, la realidad que se muestra en una constelación no justifica las fechorías, sino esto es en otro nivel. En la vida social legal, un delito es un delito. En la vida moral también estamos hablando de otro nivel. Aquí lo que queremos es llegar a una comprensión de las dinámicas ocultas inconscientes que ayuda a reconocerse nuevamente entre los miembros de la familia.

Hubo un consultante que había atropellado a una persona en un accidente y se dio a la fuga. Él no sabía si la persona estaba lastimada levemente o grave o muerta. Él trató de averiguar después, pero nadie lo sabía. En el momento en que hacemos la colocación, el representante de la persona atropellada se cayó al piso. Parecía que había muerto, pero, como no hacemos adivinanzas en constelaciones, hablamos de que parecía que sí hubo un daño. El consultante no pudo mirar al hombre que había atropellado, aunque al mismo tiempo sintió gran vergüenza. Lo dejamos un tiempo así y algo empezó a cambiar en él hasta que poco a poco logró mirarlo. Mirar es lo más importante, porque mirar significa crecer, no mirar significa no crecer. Es más cómodo no mirar, pero se paga un alto precio. Este hombre pudo mirar al que atropelló y pudo decir que lo lamentaba mucho.

Pudo decir también que asumía su responsabilidad y que lo cargaba como una culpa porque se había dado a la fuga. El representante del atropellado se relajó y al final estaba en paz. Le preguntamos en qué momento empezó a estar en paz y dijo que cuando el otro lloró y vio su arrepentimiento. El hombre asumió cargar esto en su conciencia porque tal vez le quitó la vida, y llegó a aprender algo de este accidente y se comprometió a encontrar una manera de compensación.

Secuestros

Desde un punto de vista sistémico, un secuestro se mira completamente diferente que desde el punto de vista social. Trabajamos con un consultante que tenía un hijo secuestrado. Aparentemente en la familia del padre hubo eventos significativos: en la cuarta generación había habido un despojo de herencia de uno de los hijos, el menor, hacia sus otros dos hermanos y después el mayor se suicidó. Aquí vemos una doble violencia. Primero, que un hijo menor se atreva a hacer algo así contra sus hermanos mayores revela que sistémicamente estuvo parado sobre los hombros del padre, transgrediendo el orden de la primogenitura. Segundo, el evento del suicidio del hermano mayor. Cuando hicimos la colocación pusimos un representante para el secuestrador, quien se sintió atraído por aquel hermano que cometió las fechorías, se sentía igual.

En el sistema de las familias en las que se secuestra a alguien, aparentemente hubo un evento de despojo y violencia tres o cuatro generaciones atrás. Aquí vemos también el factor de la coconstrucción.

En otras situaciones hemos observado que pareciera como una llamada de atención al padre, y que éste se halla presente en la vida de su hijo. Lo asombroso es que pareciera haber una resonancia entre la familia que sufre un secuestro y los secuestradores, pero todavía falta más investigación en este sentido.

Injusticia

Recibimos a una mujer cuyo hijo único lleva seis años en la cárcel acusado de asesinar a su novia. Él aseguraba ser inocente y su representante se mostraba inquieto y sin esperanzas. En su discurso durante la entrevista todo era color de rosa. Colocamos al padre, la madre y al hijo. Lo único que la mujer estaba viendo era la injusticia que se estaba cometiendo en contra de su hijo. Después de un tiempo pusimos a una representante para la víctima que había sido torturada hasta que murió. También colocamos a su madre. No sabíamos quién era el victimario, obviamente porque la madre creía en la inocencia de su hijo. Ella, durante un largo tiempo, no logró mirar a la representante de la víctima que estaba en un grito de dolor. El hijo estaba muy inquieto. Se le aclaró a la mujer que la constelación no sirve para averiguar si alguien es inocente o culpable ni para saber quién fue el victimario. Poco a poco, ella giró la mirada hacia la víctima y, cuando finalmente logró mirarla, dijo que sentía culpa y vergüenza porque la joven nunca iba a volver. Después empezó a llorar y dijo a la madre de la joven: "Lamento mucho la muerte de su hija y lo que le está pasando a mi hijo", y se pudieron conectar las dos mujeres (ahí se relajó la víctima). El hijo empezó a tener esperanzas. Ahí lo dejamos.

Siempre se arreglan cosas

Hemos comprobado que, en muchos casos, constelaciones en las que no hubo una solución visible terminan por tener *efectos benéficos sorprendentes* en la vida del consultante.

En Colombia vimos a una mujer que provenía de la alta sociedad de ese país, mientras que su exmarido era un comerciante de la costa, visto en esa sociedad como alguien muy inferior. Ella tiene un hijo y se queja de que el exmarido nunca se aparece ni se interesa por el niño que está enfermo. Cuando ella era niña tuvo una nana morena que era también de la costa. En la constelación salió que se casó con este hombre por lealtad a esta nana que la había cuidado junto con sus hermanos y había estado más cerca de ellos que su madre. Ahí lo dejamos.

Al día siguiente venía asombrada. Dijo que el día anterior, cuando llegó a su casa, su exmarido no sólo había llamado preguntando por el niño, sino también se había presentado, le había comprado la medicina y la estaba esperando. Un hombre que no había aparecido en la vida de ellos en 10 años de pronto, coincidiendo con esta constelación, ha cambiado completamente su actitud.

Un hombre mayor que había tenido una única hija con su mujer se quejaba de que nunca pudo hacer buena química con su hija, quien, además, se casó y se fue a vivir a Europa. Tenía un doble dolor: no sólo no había logrado conectar amorosamente con su hija, sino que además sufre por la separación. Hicimos su constelación en la que, al final, los dos se miraron. Después relató que, ese mismo día por la noche, su hija había llamado de Europa pidiendo hablar con él, lo cual no había hecho antes. Así de poderosa es la fuerza del amor.

Testimonio

Uno de los cambios más significativos y sorprendentes que las constelaciones familiares han dado a mi vida ha sido la llegada de mi título profesional.

Después de terminar mi carrera, hacer mi tesis y mi examen profesional, tenía que esperar algunos meses para que liberaran el título. La espera de meses se convirtió en años. Por una u otra razón, mi título estaba perdido en las oficinas de la SEP.

Fue hasta después de tres años cuando decidí hacer una constelación sobre mi carrera y mi título profesional. Hubo un cambio en mí, en cómo me veía como profesionista y lo que esto significaba en mi familia.

Tres días después de mi constelación, el correo tocó a la puerta. Mi título había llegado.

Problemas en el ámbito laboral

Se ha visto que, en los centros de trabajo, las personas trasladan el tipo de relaciones que tienen en su sistema familiar a los compañeros de trabajo. De forma inconsciente, un empleado puede repetir con su jefe la manera de relacionarse que ha tenido con su padre. Las dinámicas ocultas de las familias se encuentran en este contexto en el que las personas tienen un trato cotidiano.

Ahora bien, un centro de trabajo constituye un sistema en sí. De hecho, un sistema se forma por cualquier grupo de personas que cotidianamente trabajan, aprenden o se relacionan en conjunto. El sistema incluye a los dueños de los negocios, sus directivos, empleados, clientes, proveedores, productos, etcétera. Esto ocurre en cualquier organización privada o de gobierno. Su denominador común es que están compuestas por seres humanos. Siempre que las personas forman un grupo surge una dinámica sistémica. Todos pertenecemos al mismo tiempo a muchos sistemas.

Las personas llevan sus sistemas familiares al trabajo y, frecuentemente, asuntos originados en el sistema familiar afectan el sistema de la organización.

Muchas organizaciones y empresas, con ayuda de las constelaciones organizacionales, han logrado descubrir dinámicas ocultas que estaban causando diferentes tipos de problemas, como pérdida de clientela, falta de productividad, conflictos entre departamentos, accidentes recurrentes, rotación de empleados y otros. La metodología de las constelaciones muestra lo que está ocurriendo. Toda la información sobre las cuestiones sistémicas se encuentra a nivel del subconsciente de la organización. Esta información surge a la luz a través de una constelación.

Cuando se trabaja con constelaciones en empresas, no se forma el grupo con los mismos compañeros de trabajo. Lo que hacemos es llevar un equipo de varias personas desconocidas para ellos y hacemos las constelaciones con los directivos como consultantes. Es asombroso ver cómo, en la relación diaria en una oficina, se enganchan víctimas y victimarios. Son un tema bastante común los desacuerdos y el acoso moral en los centros laborales. Cuántas veces no escuchamos que una persona no puede ver a otra porque ya tan sólo escuchar su voz le es insoportable, o la típica queja del jefe o la jefa que siempre fastidia a alguien. Muchas veces se ha visto que los dos están representando un papel en una problemática que corresponde a un enredo sistémico de su familia.

Las constelaciones no siempre son la solución, pero sí una herramienta para mostrar la raíz del problema y abrir la posibilidad hacia nuevas propuestas de solución. En última instancia es el **consultante** quien puede encontrar y llevar a cabo la solución.

Centros de ayuda en México

CENTRO DE CONSTELACIONES FAMILIARES SOWELU, A.C.
Heriberto Frías # 939, entre División del Norte y San Borja
Col. Del Valle, México, D.F. 03100,
Tels. 5543 1714/ 5543 6710/ 5543 6545
y 5543 8568/ 5601 3126

informes@constelaciones.com.mx

HIMECO
Higiene Mental de la Comunidad

www.himeco.com.mx

Bibliografía

Boszormenyi-Nagy y Spark, *Lealtades Invisibles,* ed. Amorrortu, Buenos Aires, 1983.

Hellinger, Bert, *La punta del ovillo, terapias breves,* Alma Lepik editorial, 2005.

———, *Sobre la Filosofía Fenomenológica, Revista Praxis der Systemaufstellungen*, núm. 1, ed. Iag, Alemania 2005, "anfang und ursprung".

———, *Después del conflicto, la paz*, Alma Lepik editorial, 2006.

———, *El centro se distingue por su levedad*, editorial Herder, S.A., 2006.

———, *El intercambio: didáctica de constelaciones familiares*, Rigden Institut Gestalt, 2006.

———, *Imágenes que solucionan*, Alma Lepik editorial, 2006.

———, *La Paz inicia en el alma: constelaciones familiares al servicio de la reconciliación*, editorial Herder, S.A. 2006.

———, *Órdenes del amor, cursos seleccionados*, editorial Herder, S.A., 2006.

———, *Pensamientos en el camino*, Ridgen editorial, 2006.

———, *Raquel Solloza por sus hijos*, editorial Herder, S.A., 2006.

———, *Reconocer lo que es*, editorial Herder, S.A., 2006.

———, *Un largo camino*, Alma Lepik editorial, 2006.

———, *Pensamientos divinos: sus raíces y sus efectos*, Ridgen editorial, 2007.

Mahr, Albrecht, *Konfliktfelder-Wissende Felder*, Carl-Auer Systeme Verlag, Heidelberg, 2003.

Mcgoldrick, Monica y Gerson, Randy, *Genograma en la evaluación familiar*, editorial Gedisa, 1989.

Prekop, Jirita y Hellinger, bert, *Si supieran cuánto los amo*, editorial Herder, 2004.

Sheldrake, Rupert, *Sabiduría antigua y ciencia moderna*, editorial 4 Vientos, Chile, 1991.

Esta obra se terminó de imprimir
en el mes de junio de 2025,
en los talleres de Diversidad Gráfica S.A. de C.V.
Ciudad de México